KUHARICA SOLI, MASTI, KISELINE, TOPLINE

Od začina do prženja, otkrijte snagu četiri elementa u 100 ukusnih jela

Marija Adamić0

Materijal autorskih prava ©2024

Sva prava pridržana

Nijedan dio ove knjige ne smije se koristiti ili prenositi u bilo kojem obliku ili na bilo koji način bez odgovarajućeg pisanog pristanka izdavača i vlasnika autorskih prava, osim kratkih citata korištenih u recenziji. Ovu knjigu ne treba smatrati zamjenom za medicinske, pravne ili druge stručne savjete.

SADRŽAJ

SADRŽAJ **3**
UVOD **6**
SALATE **7**
   1. Svijetla slatka od kupusa 8
   2. Vijetnamska salata od krastavaca 10
   3. Salata od obrijane mrkve s đumbirom i limetom 12
   4. Obrijani komorač i rotkvice 14
   5. Ljetna salata od rajčice i začinskog bilja 16
   6. Rajčica, bosiljak i krastavac 18
   7. Pečena tikva, kadulja i lješnjak 20
   8. Pečeni Radič i Roquefort 23
   9. Šparoge i feta s mentom 26
POVRĆE **28**
   10. Confit od trešnja rajčica 29
   11. Snap grašak s čilijem i mentom 31
   12. Zeleni grah s češnjakom 33
   13. Squash i prokulica u Agrodolcu 35
   14. Začinjena raba od brokule sa salatom od ricotte 38
   15. Grill ed Artičoke 40
TEMELJAC I JUHE **43**
   16. Pileći temeljac 44
   17. Stracciatella rimska juha od jaja 46
   18. Toskanska juha od graha i kelja 48
   19. Svilenkasta juha od slatkog kukuruza 51
GRAH, ŽITARICE I TJESTENINA **54**
   20. Perzijska riža 55
   21. Tjestenina Cacio e Pepe 58
   22. Tjestenina alla Pomarola 60
   23. Tjestenina s brokulom i krušnim mrvicama 63
   24. Tjestenina al Ragù 66
   25. Tjestenina alle Školjke sa školjkama 69
RIBA **72**
   26. Sporo pečeni losos 73
   27. Riba u pivu 75
   28. Konfit od tune 78
KOKOŠ I JAJA **80**
   29. Najhrskavija pečena piletina 81
   30. Fritata od perzijskog bilja i zelenila Kuku Sabzi 83

31. Začinjena pržena piletina 87
32. Pileća pita u loncu 90
33. Pileći Confit 94
34. Pržena piletina za prste polizati 97
35. Piletina dimljena kaduljom i medom 100
36. Juha od piletine i češnjaka 103
37. Adas Polo ili Morgh piletina s rižom od leće 106
38. Piletina s octom 109
39. Glazirana piletina s pet začina 112
40. Pečena piletina marinirana u mlaćenici 115
41. Sicilijanska pileća salata 118

MESO 120
42. Začinjena pureća prsa u salamuri 121
43. Svinjetina pirjana s čilijem 124
44. Kufte ćevapi 127

UMACI 130
45. Osnovna Umak Verde 131
46. Umak verde od pržene kadulje 133
47. Klasična francuska biljna umak 135
48. Meksička biljna umak 137
49. Biljna umak iz jugoistočne Azije 139
50. Japanska biljna umak 141
51. Meyerova umak od limuna 143
52. Sjevernoafrička Charmoula 145
53. Indijski Chutney od kokosa i cilantra 147
54. Salmoriglio sicilijanski umak od origana 149
55. Biljni jogurt 151
56. Jogurt od perzijskih biljaka i krastavaca 153
57. Borani Esfenaj perzijski jogurt od špinata 155
58. Mast-o-Laboo perzijski jogurt od repe 157
59. Osnovna majoneza 159
60. Klasični sendvič Mayo 161
61. Aïoli majoneza s češnjakom 163
62. Biljna majoneza 165
63. Rouille majoneza s paprom 167
64. Tartar umak 169
65. Osnovna pasta od papra 172
66. Sjevernoafrički umak od papra Harissa 174
67. Muhammara namaz od paprike i oraha 176
68. Pesto od bosiljka 178
69. Chutney od kandiranog voća 180
70. Slatko-kiseli ajvar od papaje 182
71. Chutney od dunje začinjen kardamomom 184

OBLOGE 186
72. Vinaigrette od crvenog vina 187
73. Balsamico Vinaigrette 189
74. Vinaigrette od limuna 191
75. Vinaigrette od limete 193
76. Vinaigrette od rajčice 195
77. Vinaigrette od rižinog vina 197
78. Cezar preljev 199
79. Kremasti preljev od začinskog bilja 201
80. Preljev od plavog sira 203
81. Zelena Goddess zavoj 205
82. Tahini preljev 207
83. Miso-senf preljev 209
84. Preljev od kikirikija i limete 211

TIJESTO 213
85. Tijesto za pitu od maslaca 214
86. Pipko tijesto 217

SLATKIŠI I DESERI 220
87. Granola s maslinovim uljem i morskom soli 221
88. Klasična pita od jabuka 224
89. Klasična pita od bundeve 227
90. Lagani i ljuskavi keksi od mlaćenice 230
91. Torta od jabuka i frangipana 233
92. Ocijedite sok i napravite granitu 237
93. Čokoladna ponoćna torta 239
94. Kolač od svježeg đumbira i melase 242
95. Čajni kolač od badema i kardamoma 245
96. Puding od gorke čokolade 248
97. Panna cotta od mlaćenice 251
98. Meringue od sljeza 253
99. Mirisna krema 256
100. Slani karamel umak 258

ZAKLJUČAK 260

UVOD

Dobro došli u "Kuharicu o soli, masnoći, kiselini, toplini: od začina do pečenja, otkrijte snagu četiri elementa u 100 ukusnih jela." U svijetu kuhanja, ovladavanje ravnotežom soli, masnoće, kiseline i topline ključno je za stvaranje jela koja nisu samo dobra, već uistinu izuzetna. Nadahnuta načelima navedenim u hvaljenoj knjizi Samina Nosrata, ova je kuharica vaš vodič za otključavanje punog potencijala ova četiri elementa i uzdizanje vaših kulinarskih kreacija na nove visine.

Sol, mast, kiselina i toplina sastavni su dijelovi okusa, teksture i ravnoteže u kuhanju. U ovoj kuharici zalazimo duboko u svaki element, istražujući njegovu ulogu u poboljšanju sastojaka, razvijanju složenih okusa i stvaranju nezaboravnih jela. Bilo da začinjavate prstohvatom soli, hrskate masnoću za savršenu teksturu, uravnotežujete kiselost za svjetlinu ili zagrijavate za karamelizaciju i dubinu okusa, naučit ćete kako rukovati ovim elementima s preciznošću i pouzdanjem.

Svaki recept u ovoj kuharici pažljivo je osmišljen kako bi prikazao moć transformacije soli, masti, kiseline i topline. Od jednostavnih salata i obilnih glavnih jela do dekadentnih deserata i svega između, pronaći ćete raznoliku lepezu jela koja slave čaroliju ova četiri bitna elementa. Uz detaljne upute, korisne savjete i zadivljujuće fotografije, bit ćete nadahnuti za eksperimentiranje, inovacije i stvaranje vlastitih kulinarskih remek-djela.

Dakle, bilo da ste kuhar početnik željan naučiti osnove okusa ili iskusan kuhar koji želi poboljšati svoje vještine, "Kuharica o soli, masti, kiselini, toplini" nudi za svakoga ponešto. Neka vam ova kuharica bude pratilac dok putujete kuhinjom, otkrivajući čari soli, masti, kiseline i topline u svakom ukusnom zalogaju.

SALATE

1.Svijetla slatka od kupusa

SASTOJCI:
- 1/2 srednje glavice crvenog ili zelenog kupusa (oko 1 1/2 funte)
- 1/2 manjeg crvenog luka, sitno narezanog
- 1/4 šalice soka od limuna
- Sol
- 1/2 šalice krupno nasjeckanog peršinovog lišća
- 3 žlice crvenog vinskog octa
- 6 žlica ekstra djevičanskog maslinovog ulja

UPUTE:
a) Kupus narežite na četvrtine kroz jezgru. Oštrim nožem izrežite jezgru pod kutom. Tanko narežite kupus poprečno i stavite u cjedilo postavljeno unutar velike zdjele za salatu. Začinite s dva obilna prstohvata soli kako biste lakše izvukli vodu, bacite kriške i ostavite sa strane.
b) U manju zdjelu pomiješajte narezani luk s limunovim sokom i ostavite 20 minuta da se macerira. Staviti na stranu.
c) Nakon 20 minuta ocijedite svu vodu koju je kupus možda pustio (u redu je ako se nema što ocijediti - ponekad kupus nije previše vodenast). U zdjelu stavite kupus i dodajte peršin i macerirani luk (ali još ne njihov limunov sok). Začinite salatu octom i maslinovim uljem. Dobro promiješajte da se sjedini.
d) Kušajte i prilagodite, dodajući preostali sok od maceriranog limuna i sol po potrebi. Kad vam nepce zacvrči od užitka, gotov je. Poslužite ohlađeno ili na sobnoj temperaturi.
e) Preostalu slamu čuvajte pokrivenu u hladnjaku do dva dana.

2.Vijetnamska salata od krastavaca

SASTOJCI:
- 2 funte (oko 8) perzijskih ili japanskih krastavaca, prugasto oguljenih
- 1 veliki jalapeño, po želji očišćen od sjemenki i žilica, narezan na tanke ploške
- 3 mladog luka, sitno narezana
- 1 češanj češnjaka, sitno naribanog ili istucanog s prstohvatom soli
- 1/2 šalice grubo nasjeckanih listova cilantra
- 16 velikih listova mente, grubo nasjeckanih
- 1/2 šalice prženog kikirikija, grubo nasjeckanog
- 1/4 šalice ulja neutralnog okusa
- 4 do 5 žlica soka od limete
- 4 žličice začinjenog rižinog vinskog octa
- 1 žlica ribljeg umaka
- 1 žličica šećera
- Prstohvat soli

UPUTE:
a) Koristeći japansku mandolinu ili oštar nož, narežite krastavce na tanke ploške, odbacite krajeve.
b) U velikoj zdjeli pomiješajte krastavce, jalapeño, mladi luk, češnjak, cilantro, metvicu i kikiriki.
c) U maloj posudi pomiješajte ulje, 4 žlice soka limete, ocat, riblji umak, šećer i mali prstohvat soli.
d) Začinite salatu vinaigretteom i promiješajte da se sjedini. Kušajte i po potrebi začinite solju i još soka od limete.
e) Poslužite odmah.

3. Salata od obrijane mrkve s đumbirom i limetom

SASTOJCI:
- 1 1/4 šalice zlatnih ili crnih grožđica
- 1 žlica sjemenki kumina
- 2 kilograma mrkve
- 4 žličice sitno naribanog đumbira
- 1 češanj češnjaka, sitno naribanog ili istucanog s prstohvatom soli
- 1 do 2 velika jalapeñosa, po želji uklonjenih sjemenki i žilica, samljevena
- 2 šalice grubo nasjeckanih listova cilantra i nježnih stabljika, plus nekoliko grančica za ukras
- Sol
- Vinaigrette od limete

UPUTE:
a) U manjoj zdjeli potopite grožđice u kipuću vodu. Ostavite ih 15 minuta da se rehidriraju i napune. Ocijedite i ostavite sa strane.

b) Stavite sjemenke kumina u malu, suhu tavu i stavite na srednje jaku vatru. Stalno vrtite tavu kako biste osigurali ravnomjerno pečenje. Tostirajte dok prvih nekoliko sjemenki ne počne pucati i ispuštati pikantnu aromu, oko 3 minute. Maknite s vatre. Odmah bacite sjemenke u zdjelu mužara ili mlinca za začine. Sa prstohvatom soli sitno sameljite. Staviti na stranu.

c) Narežite i ogulite mrkvu. Koristeći ili japansku mandolinu ili oštar nož, tanko narežite mrkvu po dužini. Oštrim nožem narežite kriške na štapiće šibica. Ako vam se to čini previše problematičnim, možete upotrijebiti gulilicu za povrće da napravite tanke vrpce ili samo narezati mrkvu na tanke kolutiće.

d) Pomiješajte mrkvu, đumbir, češnjak, jalapeño, cilantro, kumin i grožđice u velikoj zdjeli. Začinite s tri obilna prstohvata soli i začinite vinaigretteom od limete. Kušajte i po potrebi začinite solju i još soka od limete. Ohladite salatu 30 minuta da se okusi sjedine. Za posluživanje, bacite kako biste rasporedili začine, stavite na veliki pladanj i ukrasite s nekoliko grančica cilantra.

4.Obrijani komorač i rotkvice

SASTOJCI:
- 3 srednje lukovice komorača (oko 1 1/2 funte)
- 1 vezica rotkvica, orezana i oprana (oko 8 rotkvica)
- 1 šalica lišća peršina, slobodno pakirano
- Po želji: komadić parmezana od 1 unce
- Sol
- Svježe mljeveni crni papar
- Otprilike 1/3 šalice Vinaigrette od limuna

UPUTE:
a) Obrežite komorač tako da uklonite sve stabljike i sam vrh donjeg kraja, ostavljajući lukovicu netaknutom. Prepolovite lukovice kroz korijen i uklonite sve vanjske vlaknaste slojeve.
b) Koristeći japansku mandolinu ili oštar nož, izrežite lukovice komorača poprečno na kriške tanke poput papira, odbacite jezgru. Sačuvajte odbačeni komorač za drugu upotrebu ili ga ubacite u toskansku juhu od kelja i graha. Narežite rotkvice samo dlaku deblje, oko 1/8 inča, odbacujući vrhove.
c) U velikoj zdjeli pomiješajte komorač, rotkvice i lišće peršina. Ako koristite parmezan, upotrijebite gulilicu za povrće da izrežete krhotine izravno u zdjelu. Neposredno prije posluživanja začinite s dva obilna prstohvata soli i malim prstohvatom papra.
d) Haljina s vinaigrette. Kušajte i prilagodite, dodajući još soli i vinaigrette po potrebi, a zatim rasporedite na tanjur za posluživanje.
e) Poslužite odmah.

5.Ljetna salata od rajčice i začinskog bilja

SASTOJCI:
- 2 do 3 miješane rajčice, kao što su Marvel Stripe, Cherokee Purple ili Brandywine, bez jezgre i narezane na ploške od 1/4 inča
- Ljuskasta sol
- Svježe mljeveni crni papar
- 1 šalica Vinaigrette od rajčice. Savjet: koristite jezgru i krajnje kriške rajčice za salatu
- 1 litra trešnja rajčica, opranih, očišćenih od peteljki i prepolovljenih
- 2 šalice bilo koje kombinacije svježe ubranih listova bosiljka, peršina, anisa, izopa, češnjevaca, estragona ili komadića vlasca od 1 inča

UPUTE:

a) Neposredno prije posluživanja, na tanjur za posluživanje rasporedite kriške rajčice u jednom sloju i začinite solju i paprom. Lagano prelijte vinaigretteom. U posebnoj zdjeli pomiješajte trešnja rajčice i obilno ih začinite solju i paprom. Začinite vinaigretteom, kušajte i po potrebi posolite te pažljivo nasladite trešnja rajčice preko kriški rajčice.

b) Stavite svježe začinsko bilje u zdjelu za salatu i lagano začinite vinaigretteom, soli i paprom prema ukusu. Preko rajčica stavite salatu od začinskog bilja i odmah poslužite.

6.Rajčica, bosiljak i krastavac

SASTOJCI:
- 1/2 srednjeg crvenog luka, sitno narezanog
- 1 žlica crvenog vinskog octa
- 4 šalice narezanih krutona
- Dupla serija vinaigreta od rajčice
- 1 litra trešnja rajčica, očišćenih od peteljki i prepolovljenih
- 1 1/2 funte Early Girl ili drugih ukusnih malih rajčica (oko 8 rajčica), očišćenih od jezgre i narezanih na male komadiće
- 4 perzijska krastavca, oguljena i narezana na ploške od 1/2 inča
- 16 listova bosiljka
- Ljuskasta morska sol

UPUTE:
a) U manjoj posudi pomiješajte narezani luk s octom i ostavite 20 minuta da se macerira. Staviti na stranu.
b) Polovicu krutona stavite u veliku zdjelu za salatu i prelijte s 1/2 šalice vinaigrettea. Stavite trešnja i izrezane rajčice na krutone i začinite solju kako biste ih potaknuli da puste malo soka. Ostavite da odstoji oko 10 minuta.
c) Nastavite sa slaganjem salate: dodajte preostale krutone, krastavce i macerirani luk (ali još ne njihov ocat). Listove bosiljka natrgajte na velike komade. Začinite s još 1/2 šalice vinaigrettea i kušajte. Prilagodite začine po potrebi, dodajte sol, vinaigrette i/ili macerirajući ocat po ukusu. Promiješajte, ponovno kušajte i poslužite.
d) Ohladite ostatke, pokrivene, do jedne noći.

7. Pečena tikva, kadulja i lješnjak

SASTOJCI:
- 1 vezica kelja, po mogućnosti lacinato, cavolo nero ili toskanska sorta
- 1 velika butternut tikva (2 funte), oguljena
- Ekstra djevičansko maslinovo ulje
- 1/2 srednjeg crvenog luka, sitno narezanog
- 1 žlica crvenog vinskog octa
- Dvostruka serija vinaigrette od smeđeg maslaca
- 4 šalice narezanih krutona
- Oko 2 šalice ulja neutralnog okusa
- 16 listova kadulje
- 3/4 šalice lješnjaka, prženih i grubo nasjeckanih

UPUTE:
a) Zagrijte pećnicu na 425°F. Lim za pečenje obložite papirnatim ručnicima.
b) Ogulite kelj. Uhvatite jednom rukom za podnožje svake stabljike, drugom rukom stisnite stabljiku i povucite prema gore kako biste skinuli list. Bacite stabljike ili ih sačuvajte za drugu upotrebu, kao što je toskanska juha od graha i kelja. Narežite listove na 1/2-inčne kriške. Staviti na stranu.
c) Butternut tikvicu prepolovite, očistite od sjemenki, narežite i ispecite. Staviti na stranu.
d) Narezani luk pomiješajte u maloj posudi s octom i ostavite 20 minuta da se macerira. Staviti na stranu.
e) Stavite pola krutona i kelj u veliku zdjelu za salatu i prelijte s 1/3 šalice vinaigrettea. Pustite da odstoji 10 minuta.
f) U međuvremenu popržite kadulju. Ulijte centimetar neutralnog ulja u mali lonac s debelim dnom i zagrijte ga na srednje jakoj vatri do 360°F. Ako nemate termometar, samo nakon nekoliko minuta provjerite ulje tako da u njega ubacite list kadulje. Kad odmah zacvrči, gotovo je.
g) Dodajte listove kadulje u serijama. Imajte na umu da će ulje u početku jako mjehuriti, pa pustite da se smiri, a zatim umiješajte kadulju.
h) Nakon 30-ak sekundi, čim mjehurići prestanu, izvucite ih iz ulja šupljikavom žlicom, a kadulju rasporedite po pripremljenom limu za pečenje. Ostavite kadulju da se osuši na pripremljenom plehu u jednom sloju i pospite solju. Postat će hrskavo dok se hladi.
i) U zdjelu za salatu dodajte preostale krutone, tikvice, lješnjake i macerirani luk (ali ne i njihov ocat). Izmrviti u pržanoj kadulji. Začinite preostalim vinaigretteom, promiješajte da se sjedini i kušajte. Po potrebi začinite solju, uljem za prženje kadulje i macerirajućim octom. Promiješajte, ponovno kušajte i poslužite.
j) Ohladite ostatke, pokrivene, do jedne noći.

8.Pečeni Radič i Roquefort

SASTOJCI:
- 2 glavice radiča
- Ekstra djevičansko maslinovo ulje
- Sol
- 2 srednje žute glavice luka, oguljene
- 4 šalice narezanih krutona
- Dvostruka serija vinaigrette od smeđeg maslaca
- 1/4 šalice listova peršina, slobodno pakiranih
- 1 šalica prženih oraha
- Crni krupno mljeveni papar
- 4 unce Roquefort sira
- Crni vinski ocat, koliko je potrebno za podešavanje kiseline

UPUTE:
a) Zagrijte pećnicu na 425°F.
b) Svaku glavicu radiča prepolovite kroz korijen. Svaku polovicu narežite na četvrtine. Za premazivanje obilno pokapajte maslinovim uljem. Pažljivo rukujući komadićima radiča, rasporedite ih u jednom sloju na lim za pečenje, ostavljajući razmak između svakog komada. Prelijte s još maslinova ulja i posolite.
c) Luk prepolovite kroz korijen. Svaku polovicu narežite na četvrtine za ukupno 8 komada. Za premazivanje obilno pokapajte maslinovim uljem. Pažljivo rukujući komadima luka, raširite ih u jednom sloju na lim za pečenje, ostavljajući razmak između svakog komada. Prelijte s još maslinova ulja i posolite.
d) Pripremljeno povrće stavite u zagrijanu pećnicu i pecite dok ne omekša i ne karamelizira se oko 22 minute za radič i 28 minuta za luk. Provjerite povrće nakon otprilike 12 minuta. Okrećite posude i mijenjajte im položaje kako bi se povrće ravnomjerno zapeklo.
e) Polovicu krutona stavite u veliku zdjelu za salatu i prelijte s 1/3 šalice vinaigrettea. Pustite da odstoji 10 minuta.
f) Dodajte preostale krutone, radič, luk, peršin, orahe i crni papar. Izmrvite sir u velikim komadima. Začinite preostalim vinaigretteom i kušajte. Začinite solju i po potrebi malom količinom crnog vinskog octa. Promiješajte, ponovno kušajte i poslužite na sobnoj temperaturi.
g) Ohladite ostatke, pokrivene, do jedne noći.

9.Šparoge i feta s mentom

SASTOJCI:

- Sol
- 1/2 srednjeg crvenog luka, sitno narezanog
- 1 žlica crvenog vinskog octa
- 1 1/2 funte šparoga (oko 2 grozda), odstranjeni drvenasti vrhovi
- 4 šalice narezanih krutona
- 24 velika lista metvice
- 3 unce feta sira
- Dupla serija vinaigrette od crvenog vina

UPUTE:

a) Stavite veliki lonac vode da kuha na jakoj vatri. Posolite ga dok ne dobije okus ljetnog mora. Dva lima za pečenje obložite papirom za pečenje. Staviti na stranu.

b) Narezani luk pomiješajte u maloj posudi s octom i ostavite 20 minuta da se macerira. Staviti na stranu.

c) Ako su šparoge deblje od olovke, ogulite ih na pruge, lagano pritiskajući gulilicom za povrće kako biste uklonili samo krajnju kožu od oko 1 inča ispod cvijeta do baze. Narežite šparoge na komade duge 1 1/2 inča na koso. Blanširajte šparoge u kipućoj vodi dok ne omekšaju, oko 3 1/2 minute (manje za tanje peteljke).

d) Kušajte komad kako biste odredili spremnost - još uvijek bi trebao imati najslabije škripanje u sredini. Ocijedite i ostavite da se ohladi u jednom sloju na pripremljenim limovima za pečenje.

e) Polovicu krutona stavite u veliku zdjelu za salatu i prelijte s 1/3 šalice vinaigrettea. Pustite da odstoji 10 minuta.

f) Dodajte preostale krutone, šparoge i macerirani luk (ali još ne njihov ocat). Listiće mente natrgajte na male komadiće. Izmrvite u fetu u velikim komadima. Začinite s još 1/3 šalice vinaigreta i začinite solju, a zatim kušajte.

g) Po potrebi začinite solju, vinaigretteom i macerirajućim octom. Promiješajte, ponovno kušajte i poslužite na sobnoj temperaturi.

h) Ostavite ostatke u hladnjaku, pokrivene, do 1 noći.

POVRĆE

10. Confit od trešnja rajčica

SASTOJCI:
- 4 šalice trešnja rajčica, bez peteljki (oko 1 1/2 suhe pinte)
- Mala šaka listova ili stabljika bosiljka (stabljike su pune okusa!)
- 4 češnja češnjaka, oguljena
- Sol
- 2 šalice ekstra djevičanskog maslinovog ulja

UPUTE:
a) Zagrijte pećnicu na 300°F.
b) Položite trešnja rajčice u jednom sloju u plitku posudu za pečenje preko listova i/ili stabljika bosiljka i režnjeva češnjaka. Prelijte s otprilike 2 šalice maslinovog ulja. Iako rajčice ne moraju biti potpuno potopljene, sve bi trebale biti u kontaktu s uljem. Obilno ih posolite, promiješajte i stavite u pećnicu oko 35 do 40 minuta. Jelo ni u kojem trenutku ne smije prokuhati - najbolje je da lagano kuha.
c) Znat ćete da su gotovi kada budu skroz mekani kada ih probodete ražnjićem i prve kožice počnu pucati. Izvadite ih iz pećnice i ostavite da se malo ohlade. Bacite bosiljak prije upotrebe.
d) Poslužite toplo, ili na sobnoj temperaturi. Čuvajte rajčice u hladnjaku, u ulju, do 5 dana.

11. Snap grašak s čilijem i mentom

SASTOJCI:
- Oko 2 žlice ekstra djevičanskog maslinovog ulja
- 1 1/2 funte graška šećera, podrezanog
- Sol
- 12 listova mente, juliened
- Sitno naribana korica 1 manjeg limuna (oko 1 žličica)
- 1/2 žličice pahuljica crvenog čilija

UPUTE:
a) Postavite veliku tavu na jaku vatru. Kad se dobro zagrije dodajte maslinovog ulja tek toliko da malo prekrije dno posude.
b) Kad ulje zasvijetli, dodajte grašak i posolite.
c) Kuhajte na jakoj vatri, pirjajući grašak dok počinje da smeđi, dok ne postane sladak, ali još uvijek hrskav, oko 5 do 6 minuta.
d) Maknite tavu s vatre i umiješajte mentu, koricu limuna i pahuljice čilija.
e) Kušajte i prilagodite sol po potrebi. Poslužite odmah.

12. Zeleni grah s češnjakom

SASTOJCI:
- 2 funte svježeg zelenog graha, žutog voštanog graha, romano graha ili crnog graha, orezanog
- Sol
- 2 žlice ekstra djevičanskog maslinovog ulja
- 3 češnja češnjaka, mljevena

UPUTE:
a) Postavite svoju najveću tavu na srednje jaku vatru i pustite da zavrije 1/2 šalice vode.
b) Dodajte zelene mahune, začinite s nekoliko prstohvata soli i poklopite, skidajući poklopac svake minute ili tako nešto da se grah promiješa.
c) Kada gotovo potpuno omekšaju, oko 4 minute za crne mahune i 7 do 10 minuta za zrelije mahune, izlijte preostalu vodu iz tave, koristeći poklopac da ostane u grahu. Vratite posudu na štednjak, pojačajte plamen i izdubite malu rupu u sredini posude. U rupu ulijte maslinovo ulje i dodajte češnjak.
d) Neka češnjak lagano cvrči oko 30 sekundi, dok ne pusti aromu, i odmah ga pomiješajte s grahom prije nego što poprimi bilo kakvu boju. Maknite s vatre. Kušajte, prilagodite začine i poslužite odmah.

13. Squash i prokulica u Agrodolcu

SASTOJCI:
- 1 velika butternut tikva (2 funte), oguljena, prepolovljena po dužini, sjemenke odbačene
- Ekstra djevičansko maslinovo ulje
- Sol
- 1 funta prokulica, obrezanih, uklonjenih vanjskih listova
- 1/2 crvenog luka sitno narezanog
- 6 žlica crvenog vinskog octa
- 1 žlica šećera
- 3/4 žličice pahuljica crvenog čilija
- 1 češanj češnjaka, sitno naribanog ili istucanog s prstohvatom soli
- 16 listova svježe metvice

UPUTE:
a) Zagrijte pećnicu na 425°F.
b) Svaku polovicu tikve narežite poprečno na polumjesece debljine 1/2 inča i stavite u veliku zdjelu. Prelijte s dovoljno maslinovog ulja za premazivanje, oko 3 žlice. Posolite i stavite u jedan sloj na lim za pečenje.
c) Prepolovite prokulice kroz stabljike, zatim ih bacite u istu veliku zdjelu, dodajući još maslinovog ulja koliko je potrebno za premazivanje. Posolite i stavite u jednom sloju na drugi lim za pečenje.
d) Tikvu i klice stavite u prethodno zagrijanu pećnicu i pecite dok ne omekšaju i ne budu karamelizirane, oko 26 do 30 minuta. Provjerite povrće nakon otprilike 12 minuta. Okrećite posude i mijenjajte njihove položaje kako biste osigurali ravnomjerno pečenje.
e) U međuvremenu, u malu zdjelu ubacite narezani luk i ocat te ostavite 20 minuta da se macerira. U drugoj maloj posudi promiješajte još 6 žlica ekstra djevičanskog maslinovog ulja, šećer, čili pahuljice i češnjak te prstohvat soli.
f) Kad pečeno povrće izvana porumeni, a kad ga probodete nožem potpuno omekša, izvadite ga iz pećnice. Klice bi se mogle kuhati malo brže od tikve. Pomiješajte povrće u velikoj zdjeli. U mješavinu maslinovog ulja umiješajte macerirani luk i njegov ocat, pa povrće prelijte polovicom marinade. Promiješajte da se sjedini, kušajte i po potrebi dodajte još soli i marinade. Ukrasite natrganim lističima mente i poslužite toplo ili na sobnoj temperaturi.

14. Začinjena raba od brokule sa salatom od ricotte

SASTOJCI:
- 2 vezice (oko 2 funte) brokule rabe, isprane
- Ekstra djevičansko maslinovo ulje
- 1 srednji žuti luk, tanko narezan
- Sol
- Veliki prstohvat pahuljica crvene paprike
- 3 češnja češnjaka, narezana na ploške
- 1 limun
- 2 unce ricotta sira za salatu, grubo naribanog

UPUTE:
a) Odrežite i odbacite drvenaste krajeve brokule rabe. Narežite stabljike na komade od 1/2 inča, a lišće na komade od 1 inča.
b) Postavite veliku pećnicu ili sličan lonac na srednju vatru. Kad se zagrije dodajte 2 žlice maslinovog ulja da premažete dno posude. Kad ulje zakuha, dodajte luk i prstohvat soli. Kuhajte, povremeno miješajući, dok luk ne omekša i ne počne rumeniti, oko 15 minuta.
c) Pojačajte vatru na srednje jaku, dodajte još jednu žlicu ili tako nešto ulja i brokulu u lonac te promiješajte da se sjedini. Začinite solju i listićima crvene paprike. Možda ćete trebati naribati brokulu rabe kako bi bila prikladna ili pričekati da se dio skuha prije nego što dodate ostatak. Pokrijte posudu i kuhajte uz povremeno miješanje dok se brokula ne raspadne, oko 20 minuta.
d) Skinite poklopac i pojačajte vatru. Pustite da brokula počne smeđiti, a zatim je drvenom žlicom pomičite po tavi. Nastavite kuhati dok se sva brokula ravnomjerno ne zapeče, oko 10 minuta, a zatim sve premjestite na vanjske rubove posude. U sredinu dodajte žlicu maslinovog ulja, zatim u ulje dodajte češnjak i pustite da lagano krčka oko 20 sekundi, dok ne počne puštati aromu. Prije nego što češnjak počne smeđiti, promiješajte da se poveže s brokulom. Po potrebi kušajte i prilagodite pahuljice soli i crvene paprike. Maknite s vatre i iscijedite sok od pola limuna preko brokule.
e) Promiješajte, kušajte i po potrebi dodajte još limunovog soka. Nasipajte na pladanj za posluživanje i pospite krupno naribanom salatom od ricotte. Poslužite odmah.

15. Grill ed Artičoke

SASTOJCI:
- 6 artičoka (ili 18 malih artičoka)
- Ekstra djevičansko maslinovo ulje
- 1 žlica crvenog vinskog octa
- Sol

UPUTE:
a) Stavite veliki lonac vode da kuha na jakoj vatri. Naložite vatru na drveni ugljen ili zagrijte plinski roštilj. Lim za pečenje obložite papirom za pečenje.
b) Uklonite čvrste, tamne vanjske listove s artičoka dok preostali listovi ne postanu napola žuti, napola svijetlozeleni. Odrežite najdrvenasti dio kraja stabljike i vrh 1 1/2 inča svake artičoke. Ako ima ljubičastih unutarnjih listova, izrežite i njih. Možda ćete morati ukloniti još kako biste odrezali sve vlaknasto. Moglo bi se činiti da mnogo skraćujete, ali uklonite više nego što mislite da biste trebali, jer posljednje što želite je zagristi vlaknasti ili gorki zalogaj za stolom. Oštrim nožem za guljenje ili gulilicom povrća uklonite čvrstu vanjsku koru na peteljci i dnu srca, sve dok ne dođete do blijedožutih unutarnjih slojeva. Dok ih čistite, stavite artičoke u zdjelu vode s octom, koji će spriječiti oksidaciju, zbog čega poprime smeđu boju.
c) Artičoke prerežite na pola. Čajnom žličicom pažljivo izdubite čep ili središte, a zatim vratite artičoke u zakiseljenu vodu.
d) Kad voda zavrije, obilno je začinite dok ne postane slana kao more. Stavite artičoke u vodu i smanjite vatru tako da voda brzo ključa. Kuhajte artičoke dok ne omekšaju kada ih probodete oštrim nožem, oko 5 minuta za mlade artičoke i 14 minuta za velike artičoke. Paukom ili cjediljkom pažljivo ih izvadite iz vode i poslažite na pripremljeni pleh u jednom sloju.
e) Artičoke lagano pokapajte maslinovim uljem i posolite. Stavite artičoke prerezanom stranom prema dolje na roštilj na srednje jaku vatru. Nemojte ih pomicati dok ne počnu smeđiti, a zatim okrećite ražnjiće dok odrezana strana ne bude ravnomjerno smeđa, otprilike 3 do 4 minute po strani. Okrenite, zapržite drugu stranu na isti način.
f) Uklonite s roštilja i pospite Mint Umak Verde, ako želite, ili poslužite uz Aïoli ili Vinaigrette od meda i senfa. Poslužite vruće, ili na sobnoj temperaturi.

TEMELJAC I JUHE

16. Pileći temeljac

SASTOJCI:
- 7 kilograma pilećih kostiju (najmanje pola treba biti sirovo)
- 7 litara vode
- 2 glavice luka, neoguljene, narezane na četvrtine
- 2 mrkve oguljene i poprečno prepolovljene
- 2 stabljike celera, poprečno prepolovljene
- 1 žličica crnog papra u zrnu
- 2 lista lovora
- 4 grančice timijana
- 5 grančica peršina ili 10 stabljika
- 1 žličica bijelog vinskog octa

UPUTE:
a) Sve osim octa stavite u veliki lonac. Pustite temeljac da zavrije na jakoj vatri, a zatim smanjite da lagano kuha. Skinite pjenu koja se digne na površinu. Sada dodajte ocat koji će pomoći izvući hranjive tvari i minerale iz kostiju u temeljac.
b) Kuhajte nepoklopljeno 6 do 8 sati. Pripazite na to kako biste bili sigurni da se kuha. Ako temeljac zavrije, njegovi će mjehurići ponovno cirkulirati masnoću koja se diže do vrha temeljca. Uz dugotrajno zagrijavanje i miješanje, temeljac će se emulgirati. Ovo je jedan od slučajeva kada ne tražite emulziju, jer osim što izgleda zamućeno, emulgirani temeljac također ima mutan okus i neugodno se lijepi za jezik. Jedna od najboljih stvari kod dobrog temeljca je da je, iako mu je okus bogat, također čist.
c) Procijedite kroz sitno sito i ohladite. Sastružite masnoću koja se digne na vrh i spremite u hladnjak ili zamrzivač za pileći Confit.
d) Ostavite u hladnjaku do 5 dana ili zamrznite do 3 mjeseca.

17. Stracciatella rimska juha od jaja

SASTOJCI:
- 9 šalica pilećeg temeljca
- Sol
- 6 velikih jaja
- Svježe mljeveni crni papar
- Komad parmezana od 3/4 unce, sitno naribanog (oko 3/4 šalice), plus još za posluživanje
- 1 žlica sitno nasjeckanog peršina

UPUTE:
a) Zakuhajte temeljac u srednjem loncu i začinite solju. U mjernoj posudi s izljevom (možete koristiti i srednju zdjelu) umutite jaja, malo soli, papra, parmezana i peršina.
b) Mješavinu od jaja u tankom mlazu ulijevajte u temeljac koji lagano proključa lagano miješajući juhu vilicom. Izbjegavajte pretjerano miješanje, jer će se jaja raspasti na sitne, neprivlačne komadiće, umjesto na stracci ili krpice, po kojima je juha i dobila ime. Pustite da se smjesa jaja kuha oko 30 sekundi, a zatim ulijte juhu u zdjelice. Ukrasite s još parmezana i odmah poslužite.
c) Pokrijte i ostavite ostatke u hladnjaku do 3 dana. Za ponovno zagrijavanje lagano vratite juhu da lagano kuha.

18.Toskanska juha od graha i kelja

SASTOJCI:
- Ekstra djevičansko maslinovo ulje
- Po izboru: 2 unce pancete ili slanine, narezane na kockice
- 1 srednji žuti luk, narezan na kockice (oko 1 1/2 šalice)
- 2 stabljike celera, narezane na kockice (oko 2/3 šalice)
- 3 srednje mrkve, oguljene i narezane na kockice (1 šalica)
- 2 lista lovora
- Sol
- Svježe mljeveni crni papar
- 2 režnja češnjaka, tanko narezana
- 2 šalice zgnječenih konzerviranih ili svježih rajčica u njihovom soku
- 3 šalice kuhanog graha, kao što su cannellini, corona ili brusnica, tekućina za kuhanje sačuvana
- 1 unca svježe naribanog parmezana (oko 1/3 šalice), kora sačuvana
- 3 do 4 šalice pilećeg temeljca ili vode
- 2 vezice kelja, tanko narezanog (oko 6 šalica narezanih na ploške)
- 1/2 male glavice zelenog ili savojskog kupusa, izvađene jezgre i tanko narezanog (oko 3 šalice narezanog)

UPUTE:
a) Postavite veliku pećnicu ili temeljac na srednje jaku vatru i dodajte 1 žlicu maslinovog ulja. Kad ulje zasvijetli, dodajte pancetu, ako koristite, i kuhajte uz miješanje 1 minutu dok ne počne rumeniti.
b) Dodajte luk, celer, mrkvu i lovorov list. Obilno začinite solju i paprom. Smanjite vatru na srednju i kuhajte, povremeno miješajući, dok povrće ne omekša i tek počne rumeniti, oko 15 minuta. Izdubite malu rupu u sredini lonca pa dodajte još jednu žlicu maslinova ulja. Dodajte češnjak i pustite da lagano krčka dok ne pusti miris, oko 30 sekundi. Prije nego što češnjak dobije priliku porumeni, dodajte rajčice. Promiješajte, kušajte i dosolite po potrebi.
c) Pustite da se rajčice kuhaju dok se ne skuhaju do pekmeza, oko 8 minuta, a zatim dodajte mahune i njihovu tekućinu od kuhanja, pola naribanog parmezana i njegovu koricu te dovoljno temeljca ili vode da pokrije. Dodajte dva neumjerena prskanja maslinovog ulja, oko 1/4 šalice. Povremeno miješajući, juhu ponovno zakuhajte. Dodajte kelj i kupus i ponovno zakuhajte, dolijevajući još temeljca ili vode koliko je potrebno da pokrije.
d) Kuhajte dok se okusi ne sjedine i zelje ne omekša, još oko 20 minuta. Kušajte i prilagodite sol.
e) Uklonite koru parmezana i lovor.
f) Poslužite pokapano najboljim maslinovim uljem koje imate pri ruci i naribanim parmezanom.
g) Čuvati poklopljeno u hladnjaku do 5 dana. Ova se juha također iznimno dobro smrzava do 2 mjeseca. Prije upotrebe juhu vratite da prokuha.

19. Svilenkasta juha od slatkog kukuruza

SASTOJCI:
- 8 do 10 klipova kukuruza, ljuske, stabljike i svila uklonjena
- 8 žlica (4 unce) maslaca
- 2 srednje žute glavice luka, narezane na ploške
- Sol

UPUTE:
a) Presavijte kuhinjsku krpu na četvrtine i stavite je u veliku, široku metalnu zdjelu. Jednom rukom držite klas uspravno na kuhinjskom ručniku—pomaže ako stisnete klas na vrhu. Drugom rukom nazubljenim nožem ili oštrim kuharskim nožem odrežite dva ili tri reda jezgri odjednom klizeći nožem niz klip. Približite se klipu što više možete i odolite iskušenju da odsječete više redova odjednom—za sobom ćete ostaviti puno dragocjenog kukuruza. Sačuvajte klipove.
b) U loncu za juhu brzo napravite temeljac od kukuruznih klipova: klipove prelijte s 9 šalica vode i pustite da zavrije. Smanjite vatru i pirjajte 10 minuta pa izvadite klipove. Ostavite zalihu sa strane.
c) Vratite lonac na štednjak i zagrijavajte na srednje jakoj vatri. Dodajte maslac. Kad se rastopi, dodajte luk i smanjite temperaturu na srednje nisku. Kuhajte, povremeno miješajući, dok luk potpuno ne omekša i postane proziran, ili porumeni, oko 20 minuta. Ako primijetite da luk počinje tamniti, dodajte malo vode i pazite na stvari, često miješajući kako biste spriječili daljnje tamnjenje.
d) Čim luk omekša, dodajte kukuruz. Pojačajte vatru i pirjajte dok kukuruz ne poprimi svjetliju nijansu žute boje, 3 do 4 minute. Dodajte tek toliko temeljca da sve prekrije i pojačajte vatru. Ostatak temeljca sačuvajte za slučaj da kasnije trebate prorijediti juhu. Začinite solju, kušajte i prilagodite. Pustite da zavrije, a zatim kuhajte 15 minuta.
e) Ako imate uronjeni blender, koristite ga za pažljivo miješanje juhe dok ne postane pire. Ako ga nemate, pažljivo i brzo napravite pire u serijama u blenderu ili procesoru hrane. Za vrlo svilenkastu teksturu, procijedite juhu posljednji put kroz fino sito.
f) Kušajte juhu za sol, slatkoću i kiselinu. Ako je juha vrlo slatka, malo bijelog vinskog octa ili soka od limete može pomoći u uravnoteženju.
g) Za posluživanje ili sipajte ohlađenu juhu u zdjelice i na nju prelijte salsu da je ukrasite ili brzo zakuhajte juhu i poslužite vruću s kiselim ukrasom, poput meksičke biljne salse ili indijskog čatnija od kokosa i cilantra.

GRAH, ŽITARICE I TJESTENINA

20. Perzijska riža

SASTOJCI:
- 2 šalice basmati riže
- Sol
- 3 žlice običnog jogurta
- 3 žlice maslaca
- 3 žlice ulja neutralnog okusa

UPUTE:
a) Napunite veliki lonac s 4 litre vode i zakuhajte na jakoj vatri.
b) U međuvremenu stavite rižu u zdjelu i isperite hladnom vodom, snažno vrteći prstima i mijenjajući vodu najmanje pet puta, dok škrob ne iscuri i voda ne postane bistra. Ocijedite rižu.
c) Kad voda zavrije, dobro je posolite. Točna količina varirat će ovisno o vrsti soli koju koristite, ali to je oko 6 žlica fine morske soli ili izdašne 1/2 šalice košer soli. Voda bi trebala imati slaniji okus od najslanije morske vode koju ste ikada probali. Ovo je vaša velika prilika da rižu začinite iznutra, a u slanoj vodi će provesti samo nekoliko minuta, stoga nemojte paničariti oko presoljenja hrane. Dodati rižu, promiješati.
d) Stavite sitno sito ili cjedilo u sudoper. Kuhajte rižu, miješajući s vremena na vrijeme, dok ne postane al dente, oko 6 do 8 minuta. Ocijedite u sito i odmah počnite ispirati hladnom vodom kako biste spriječili daljnje kuhanje riže. Ocijediti.
e) Izvadite 1 šalicu riže i pomiješajte je s jogurtom.
f) Postavite veliku, vrlo dobro začinjenu tavu od lijevanog željeza od 10 inča ili neprijanjajuću tavu na srednje jaku vatru, zatim dodajte ulje i maslac. Kad se maslac otopi, dodajte smjesu od jogurta i riže u tavu i poravnajte. Naslagajte preostalu rižu u tavu, lagano je nabijajući prema sredini. Drškom drvene žlice lagano izdubite pet ili šest rupa u riži do dna lonca, koja će lagano cvrčati. Rupe će omogućiti pari da izađe iz najdonjeg sloja riže kako bi se mogla stvoriti hrskava korica. U tavi mora biti dovoljno ulja da možete vidjeti kako mjehuri na stijenkama. Dodajte još malo ulja ako je potrebno da se vide ovi mjehurići.
g) Nastavite kuhati rižu na srednjoj vatri, okrećući tavu za četvrtinu kruga svake 3 ili 4 minute kako biste osigurali ravnomjernu smeđu

boju, sve dok ne počnete vidjeti kako se na stranama tave počinje stvarati zlatna korica, otprilike 15 do 20 minuta. Kad vidite da se kora iz blijedožute boje pretvorila u zlatnu, smanjite vatru i nastavite kuhati još 15 do 20 minuta. Rubovi kore trebaju biti zlatni, a riža mora biti potpuno kuhana.

h) Kako biste izvadili rižu iz kalupa, pažljivo prijeđite lopaticom po rubovima posude kako biste osigurali da se nijedan dio kore ne zalijepi. Višak masnoće s dna tave otresite u zdjelu, skupite hrabrosti i pažljivo je preokrenite na pladanj ili dasku za rezanje. Trebao bi izgledati kao prekrasan kolač od pahuljaste riže sa zlatnom koricom.

i) A ako vam iz bilo kojeg razloga riža ne isklizne u komadu, učinite ono što je učinila svaka perzijska baka od početka vremena: izgrabite rižu, izrežite tahdig na komadiće žlicom ili metalnom lopaticom i pretvarajte se da namjeravao to učiniti na ovaj način. Nitko neće biti mudriji.

j) Poslužite odmah uz sporo pečeni losos, Kufte ćevape, perzijsku pečenu piletinu ili Kuku Sabzi.

21.Tjestenina Cacio e Pepe

SASTOJCI:
- Sol
- 1 funta špageta, bucatinija ili tjestenine tonnarelli
- Ekstra djevičansko maslinovo ulje
- 1 žlica vrlo grubo mljevenog crnog papra
- 4 unce pecorina Romano, vrlo sitno naribanog (oko 2 šalice)

UPUTE:

a) Postavite veliki lonac vode na jaku vatru i zakuhajte. Obilno posolite dok ne dobije okus ljetnog mora. Dodajte tjesteninu i kuhajte uz povremeno miješanje dok ne postane al dente. Sačuvajte 2 šalice vode od kuhanja dok cijedite tjesteninu.

b) U međuvremenu zagrijte veliku tavu na srednje jakoj vatri i dodajte toliko maslinovog ulja da samo prekrije dno. Kad zasja, dodajte papar i kuhajte dok ne zamiriše, oko 20 sekundi. Dodajte 3/4 šalice vode od kuhanja tjestenine u tavu i pustite da prokuha - to će potaknuti stvaranje emulzije.

c) Dodajte ocijeđenu tjesteninu u vruću tavu, promiješajte da obložite rezance, a zatim pospite sve osim šake sira. Pomoću hvataljki energično promiješajte tjesteninu, dodajući još vode za tjesteninu koliko je potrebno da dobijete kremasti umak koji se lijepi za tjesteninu bez grudanja. Kušajte i prilagodite sol po potrebi. Ukrasite preostalim sirom i još grubo mljevenog papra i odmah poslužite.

22.Tjestenina alla Pomarola

SASTOJCI:

- Ekstra djevičansko maslinovo ulje
- 2 srednje tanko narezana crvena ili žuta luka
- Sol
- 4 češnja češnjaka
- 4 funte svježih, zrelih rajčica, bez peteljki, ili dvije (28 unci) limenke cijelih San Marzano ili Roma rajčica u njihovom soku
- 16 listova svježeg bosiljka ili 1 žlica sušenog origana
- 3/4 funte špageti, bucatini, penne ili rigatoni
- Parmezan, pecorino romano ili ricotta salata za posluživanje

UPUTE:

a) Postavite veliki lonac s debelim dnom koji ne reaguje na srednje jaku vatru. Kad se lonac zagrije dodajte maslinovog ulja tek toliko da prekrije dno. Kad ulje prokuha dodajte luk.

b) Posolite i smanjite vatru na srednju, povremeno miješajući da ne zagori. Kuhajte dok luk ne omekša i postane proziran, ili porumeni, oko 15 minuta. Malo zapeći je u redu, ali ne dopustite da luk zagori. Ako luk počne prebrzo pržiti, smanjite vatru i dodajte malo vode.

c) Dok se luk kuha, narežite češnjak, zatim narežite rajčice na četvrtine, ako koristite svježe. Ako koristite konzervirane, izlijte ih u veliku, duboku zdjelu i zdrobite rukama. Promiješajte oko 1/4 šalice vode u jednoj limenci, zatim je ulijte u drugu limenku i promiješajte, a zatim dodajte u rajčice. Staviti na stranu.

d) Kad luk omekša, istisnite ga na vanjske rubove lonca i dodajte žlicu ulja u sredinu. Na ulje dodajte češnjak. Lagano pržite češnjak dok ne počne puštati aromu, oko 20 sekundi, a prije nego što počne smeđiti dodajte rajčice. Ako koristite svježe rajčice, drvenom žlicom ih malo izgnječite i potaknite da iscure sok. Pustite umak da zavrije, a zatim smanjite na laganoj vatri. Začinite solju i natrgajte listiće bosiljka ili dodajte origano, ako koristite.

e) Kuhajte na laganoj vatri, često miješajući umak drvenom kuhačom. Ostružite dno lonca da se ništa ne zalijepi. Ako se umak ipak počne lijepiti i zapeći, učinite upravo suprotno. Ne miješati! To će samo umiješati okus zagorenog u ostatak nepromijenjenog umaka. Umjesto toga, odmah prebacite umak u novi lonac bez struganja dna, a zagorjeli lonac ostavite da se namače u sudoperu. Pripazite da novi lonac ponovno ne zagori.

f) Stavite veliki lonac vode da kuha na jakoj vatri. Pokrijte poklopcem kako ne bi previše isparavalo.

g) Umak će biti gotov kada se njegov okus promijeni iz sirovog u kuhani, oko 25 minuta. Umočenje žlice u umak manje će vas podsjećati na vrt ili tržnicu, a više na utješnu zdjelu tjestenine. Ako koristite rajčice iz konzerve, pomak je suptilniji: pričekajte trenutak kada rajčice izgube svoj kositreni okus iz konzerve, što može potrajati i do 40 minuta. Kad su rajčice kuhane, umak brzo prokuhajte i umiješajte 3/4 šalice maslinovog ulja. Pustite da zajedno krčka par minuta; pomarola će se pretvoriti u bogati umak dok se emulgira. Maknite s vatre.

h) Umak izradite u pire štapnim blenderom, blenderom ili mlinom za hranu, a zatim kušajte i prilagodite začine. Držite pokriveno u hladnjaku do tjedan dana ili zamrznite do 3 mjeseca. Za pomarolu stabilnu na polici, staklenke napunjene umakom obradite u vodenoj kupelji 20 minuta i iskoristite u roku od godinu dana.

i) Za posluživanje 4 osobe, začinite lonac vode solju dok ne dobije okus ljetnog mora. Dodajte tjesteninu, promiješajte i kuhajte dok ne postane al dente. Dok se tjestenina kuha, stavite kuhati 2 šalice umaka od pomarole u veliku tavu. Ocijedite tjesteninu, uz 1 šalicu vode za tjesteninu.

j) Dodajte tjesteninu u umak i promiješajte, po potrebi razrijedite vodom i maslinovim uljem. Kušajte i prilagodite sol po potrebi. Poslužite odmah, uz parmezan, pecorino romano ili ricotta salatu.

23.Tjestenina s brokulom i krušnim mrvicama

SASTOJCI:
- Sol
- 2 kilograma brokule, cvjetića i oguljenih stabljika
- Ekstra djevičansko maslinovo ulje
- 1 velika glavica žutog luka sitno narezana
- 1 do 2 žličice pahuljica crvene paprike
- 3 češnja češnjaka, mljevena
- 1 funta orecchiette, penne, linguine, bucatini ili špageti
- 1/2 šalice mrvica za posipanje
- Svježe ribani parmezan, za posluživanje

UPUTE:
a) Postavite veliki lonac vode na jaku vatru. Kad prokuha, obilno ga posolite dok ne dobije okus ljetnog mora.
b) Narežite cvjetove brokule na komade od 1/2 inča, a stabljike na kriške od 1/4 inča.
c) Postavite veliku pećnicu ili sličan lonac na srednje jaku vatru. Kad se zagrije dodajte maslinovog ulja tek toliko da prekrijete dno posude. Kad ulje zablješti, dodajte luk, obilno prstohvat soli i 1 žličicu papra u ljuspicama. Čim luk počne smeđiti, promiješajte ga i smanjite vatru na srednju. Povremeno miješajući, kuhajte luk dok ne omekša i ne porumeni, oko 15 minuta. Premjestite luk na rub lonca, očistite mjesto u sredini. Dodati žlicu maslinovog ulja, pa češnjak. Lagano kuhajte dok češnjak ne počne puštati aromu, oko 20 sekundi. Prije nego što češnjak počne poprimati boju, umiješajte ga u luk i smanjite vatru na nisku da češnjak ne porumeni.
d) Ubacite brokulu u kipuću vodu i kuhajte dok ne omekša, otprilike 4 do 5 minuta. Izvadite komade iz lonca paukom ili šupljikavom žlicom i dodajte ih izravno u tavu s lukom. Poklopite lonac s vodom da ne isparava i ostavite kuhati na štednjaku za kuhanje tjestenine. Pojačajte vatru na srednju i nastavite kuhati, povremeno miješajući, dok se brokula ne počne raspadati i sjedini s lukom i maslinovim uljem u umak, oko 20 minuta. Ako se smjesa čini suhom, a ne sočnom, dodajte žlicu ili dvije vode od kuhanja da je navlažite.

e) Dodajte tjesteninu u vodu i promiješajte. Dok se kuha, nastavite kuhati i miješati brokulu. Ključno je osigurati da u tavi ima dovoljno vode kako bi se brokula, ulje i voda emulgirali i postali sočni i slatki. Nastavite kuhati i miješati te po potrebi dolijevati vode.
f) Kada je tjestenina al dente, ocijedite je, a dvije šalice vode od kuhanja odvojite. Vruće rezance ubacite u tavu s brokulom i promiješajte. Dodajte još jednu, posljednju kapljicu maslinovog ulja i slanu vodu za tjesteninu kako biste bili sigurni da su svi rezanci dobro premazani, vlažni i začinjeni. Po potrebi kušajte i prilagodite pahuljice soli i papra.
g) Poslužite odmah, preliveno krušnim mrvicama i obilnom količinom naribanog parmezana.

24.Tjestenina al Ragù

SASTOJCI:

- Ekstra djevičansko maslinovo ulje
- 1 funta grubo mljevenog goveđeg komada
- 1 funta grubo mljevene svinjske lopatice
- 2 srednje velika žuta luka, nasjeckana
- 1 velika mrkva, mljevena
- 2 velike stabljike celera, mljevene
- 1 1/2 šalice suhog crnog vina
- 2 šalice pilećeg ili goveđeg temeljca ili vode
- 2 šalice punomasnog mlijeka
- 2 lista lovora
- 1 traka limunove korice veličine 1 x 3 inča
- 1 traka narančine korice veličine 1 inča sa 3 inča
- Štapić cimeta od 1/2 inča
- 5 žlica paste od rajčice
- Po želji: korica parmezana
- Cijeli muškatni oraščić
- Sol
- Svježe mljeveni crni papar
- 1 funta tagliatelle, penne ili rigatoni
- 4 žlice maslaca
- Svježe ribani parmezan, za posluživanje

UPUTE:

a) Postavite veliku pećnicu ili sličan lonac na jaku vatru i dodajte dovoljno maslinovog ulja da prekrijete dno. U lonac izmrvite govedinu na komade veličine oraha. Kuhajte, miješajući i lomeći meso šupljikavom žlicom dok ne zacvrči i postane zlatnosmeđe, 6 do 7 minuta. Nemojte još začiniti meso - sol će izvući vodu i odgoditi pečenje. Upotrijebite šupljikavu žlicu za prebacivanje mesa u veliku zdjelu, ostavljajući otopljenu mast u loncu. Na isti način zapržite svinjetinu.

b) Dodajte luk, mrkvu i celer - soffritto - u isti lonac i kuhajte na srednje jakoj vatri. Količina masnoće trebala bi biti dovoljna da skoro prekrije soffritto, pa po potrebi dodajte još maslinovog ulja, barem još 3/4 šalice. Kuhajte uz redovito miješanje dok povrće ne omekša i soffritto ne dobije tamno smeđu boju, 25 do 30 minuta. (Možete kuhati soffritto u maslinovom ulju dan ili dva unaprijed, ako želite, kako biste razbili vremenski intenzivne korake u receptu. Soffritto se također dobro smrzava do 2 mjeseca!)

c) Vratite meso u lonac, pojačajte vatru i dodajte vino. Ostružite dno lonca drvenom žlicom kako biste oslobodili zapržene komadiće u umaku. Dodajte temeljac ili vodu, mlijeko, lovorov list, korice, cimet, pastu od rajčice i koru parmezana, ako koristite. Dodajte 10 komadića svježeg muškatnog oraščića tako da ga naribate na mlin za mljevenje muškatnog oraščića ili drugu sitnu ribež. Začinite solju i svježe mljevenim paprom po ukusu. Pustite da zavrije, a zatim smanjite na laganoj vatri.

d) Pustite da umak i dalje kuha uz povremeno miješanje. Nakon što se mlijeko razgradi i umak počne izgledati primamljivo, između 30 do 40 minuta, počnite kušati smjesu i prilagođavati sol, kiselinu, slatkoću, bogatstvo i tijelo. Ako treba malo kiseline, dodajte tajnu kapljicu vina. Ako vam se čini bljutavo, dodajte pastu od rajčice da oživite i date slatkoću. Ako treba bujnije dodajte malo mlijeka. Ako se ragù čini rijetkim, dodajte obilnu količinu temeljca. Smanjit će se dok krčka, ostavljajući za sobom želatinu koja pomaže zgušnjavanju umaka.

e) Pirjajte na najslabijoj mogućoj vatri, s vremena na vrijeme skidajući masnoću i često miješajući, dok meso ne omekša i okusi se stope, oko 1 1/2 do 2 sata. Kad ste sigurni da je ragù gotov, žlicom ili kutlačom skinite masnoću koja je isplivala na površinu i uklonite kore parmezana, lovor, kore citrusa i cimet. Ponovno kušajte i prilagodite sol i papar.

f) Za 4 porcije, pomiješajte 2 šalice vrućeg ragua s 1 funtom tjestenine kuhane al dente i 4 žlice maslaca. Poslužite s dovoljno svježe ribanog parmezana.

g) Preostali ragù pokrijte i čuvajte u hladnjaku do 1 tjedna ili u zamrzivaču do 3 mjeseca. Prije upotrebe ponovno prokuhajte.

25. Tjestenina alle Školjke sa školjkama

SASTOJCI:
- Sol
- Ekstra djevičansko maslinovo ulje
- 1 srednja glavica žutog luka, sitno narezana, sa sačuvanim vrhovima korijena
- 2 ili 3 grančice peršina, plus 1/4 šalice sitno nasjeckanog lišća
- 2 funte školjki, dobro izribanih
- 1 šalica suhog bijelog vina
- 2 režnja češnjaka, mljevena
- Otprilike 1 žličica pahuljica crvene paprike
- 1 funta linguina ili špageta
- 2 funte manilskih školjki ili školjki od trešnje, dobro izribanih
- Sok od 1 limuna
- 4 žlice maslaca
- 1 unca parmezana, sitno naribanog (oko 1/4 šalice)

UPUTE:
a) Zakuhajte veliki lonac obilno posoljene vode.
b) Zagrijte veliku tavu na srednje jakoj vatri i dodajte žlicu ulja. Dodajte vrhove korijena luka, grančice peršina i onoliko grlića koliko stane u jedan sloj, pa zalijte s 3/4 šalice vina.
c) Pojačajte temperaturu, pokrijte posudu i pustite školjke da se kuhaju na pari dok se ne otvore, 3 do 4 minute. Uklonite poklopac i hvataljkama prebacite školjke u zdjelu dok se otvaraju. Ako postoje tvrdokorne školjke, lagano ih lupnite hvataljkama kako biste ih potaknuli da se otvore. Odbacite sve školjke koje se ne otvore nakon 6 minuta kuhanja. U tavu dodajte preostale grline i kuhajte na isti način s preostalim vinom.
d) Procijedite tekućinu od kuhanja kroz sitno cjedilo i ostavite sa strane. Nakon što su školjke dovoljno ohlađene za rukovanje, izvadite ih iz ljuski i krupno nasjeckajte. Stavite sa strane u malu zdjelu s dovoljno tekućine za kuhanje da pokrije. Odbacite ljuske.
e) Isperite tavu, a zatim stavite na srednju vatru. Dodajte ulja tek toliko da prekrije dno tepsije, te dodajte luk nasjeckan na kockice i malo soli. Kuhajte dok ne omekša, povremeno miješajući, oko 12

minuta. U redu je ako luk poprimi boju, ali ne dopustite da zagori; dodajte malo vode ako je potrebno.
f) U međuvremenu skuhajte tjesteninu dok nije sasvim al dente.
g) Luku dodajte češnjak i 1/2 žličice papra u ljuspicama i lagano zapržite. Prije nego što češnjak dobije priliku da porumeni, dodajte školjke Manila ili trešnje i pojačajte vatru. Dodajte zdravu kapljicu tekućine za kuhanje školjki ili vina i pokrijte tavu. Čim se školjke otvore, dodajte nasjeckane vratove. Kuhajte zajedno nekoliko minuta, a zatim kušajte i prilagodite kiselinu sokom od limuna ili više bijelog vina po potrebi.
h) Ocijedite tjesteninu, uz 1 šalicu tekućine od kuhanja, i odmah dodajte u tavu sa školjkama. Neka se rezanci nastave kuhati dok nisu al dente u tekućini od školjki kako bi mogli upiti svu slanu dobrotu.
i) Kušajte i prilagodite sol, ljutinu i kiselinu. Tjestenina bi trebala biti prilično sočna - ako nije, dodajte još žlica tekućine od kuhanja školjki, vina ili vode za tjesteninu. Dodajte maslac i sir i ostavite da se otope, a zatim pomiješajte da premažete tjesteninu. Pospite nasjeckanim peršinovim listom i žlicom stavite u zdjelice.
j) Poslužite odmah s hrskavim kruhom da upije umak.

RIBA

26. Sporo pečeni losos

SASTOJCI:
- 1 velika šaka finog bilja, poput peršina, cilantra, kopra ili listova komorača ili 3 lista smokve
- 1 filet lososa od 2 funte bez kože
- Sol
- Ekstra djevičansko maslinovo ulje

UPUTE:
a) Zagrijte pećnicu na 225°F. Napravite podlogu od začinskog bilja ili ako koristite listove smokve, poslažite ih na sredinu lima za pečenje. Staviti na stranu.
b) Svaka strana lososa ima liniju tankih kostiju koje sežu oko dvije trećine fileta. Pincetom ili oštrim kliještima položite file s kožom prema dolje na dasku za rezanje. Lagano prijeđite prstima preko ribe od glave do repa kako biste pronašli kosti i izvucite njihove krajeve iz mesa.
c) Počevši od glave, izvlačite jednu po jednu kost, povlačeći ih pincetom pod istim kutom pod kojim su se zaglavile u ribi. Nakon što izvadite kost, uronite pincetu u čašu hladne vode da oslobodite kost. Kada ste gotovi, još jednom prijeđite prstima preko ribe da provjerite jeste li dobili sve kosti. To je to!
d) Obje strane ribe posolite i ugurajte u sloj od začinskog bilja. Nakapajte žlicu maslinova ulja na ribu i ravnomjerno utrljajte rukama. Gurnite posudu u pećnicu.
e) Pecite 40 do 50 minuta, dok se riba ne počne ljuštiti na najdebljem dijelu filea kada ga probodete nožem ili prstom. Budući da je ova metoda tako nježna prema proteinima, riba će izgledati prozirno čak i kad je kuhana.
f) Nakon što je losos kuhan, razlomite ga na velike, rustikalne komade i žlicom stavite bilo koju vrstu biljne salse na vrh u izdašnim količinama. Kumquat Umak i Meyer Lemon Umak ovdje posebno dobro funkcioniraju. Poslužite uz bijeli grah ili krumpir te naribani komorač i rotkvice.

27.Riba u pivu

SASTOJCI:
- 2 1/2 šalice višenamjenskog brašna
- 1 žličica praška za pecivo
- 1/2 žličice mljevenog kajenskog papra
- Sol
- 1 1/2 funte ljuskaste bijele ribe, poput iverka, lista ili kamenog bakalara, s kostima i obrubljenim
- 6 šalica ulja od sjemenki grožđa, kikirikija ili kanole za prženje
- 1 1/4 šalice votke, ledeno hladne
- Oko 1 1/2 šalice lager piva, ledeno hladno
- Po želji: za dodatnu hrskavost, zamijenite rižinim brašnom polovicu višenamjenskog brašna

UPUTE:
a) U srednjoj zdjeli pomiješajte brašno, prašak za pecivo, kajenski papar i veliki prstohvat soli. Stavite u zamrzivač.
b) Izrežite ribu na 8 jednakih dijelova po dijagonali, svaki otprilike 1 x 3 inča duljine. Obilno posolite. Držite na ledu ili u hladnjaku dok ne budete spremni za kuhanje.
c) Stavite široku, duboku tavu na srednju vatru. Dodajte dovoljno ulja da dosegnete dubinu od 1 1/2 inča i zagrijte na 365°F.
d) Kad se ulje zagrije, napravite tijesto: dodajte votku u zdjelu s brašnom polagano miješajući vršcima prstiju jedne ruke. Zatim postupno dodajte dovoljno piva da razrijedite tijesto otprilike iste konzistencije kao tijesto za palačinke - trebalo bi vam lako curiti s vrhova prstiju. Nemojte pretjerano miješati — grudice će se pretvoriti u laganu, hrskavu koricu kada se prže.
e) Polovicu ribe stavite u zdjelu s tijestom. Jedan po jedan komade ribe u potpunosti premazati i pažljivo spuštati u vruće ulje. Nemojte pretrpavati lonac—ni u jednom trenutku u ulju ne smije biti više od jednog sloja ribe. Dok se komadi prže, hvataljkama nježno provjerite da se ne zalijepe. Nakon otprilike 2 minute, kada donje strane porumene, okrenite komade i pecite drugu stranu. Kad druga strana postane zlatna, hvataljkama ili šupljikavom žlicom izvadite ribu iz ulja. Posolite i ocijedite na pleh obložen papirnatim ručnicima.
f) Preostalu ribu pržite na isti način, puštajući da se temperatura ulja vrati na 365°F između serija.
g) Poslužite odmah s kriškama limuna i tartar umakom.

28.Konfit od tune

SASTOJCI:
- 1 1/2 funte svježe albacore ili žutoperajne tune, izrezane na komade debljine 1 1/2 inča
- Sol
- 2 1/2 šalice maslinovog ulja
- 4 češnja češnjaka, oguljena
- 1 sušena crvena paprika
- 2 lista lovora
- 2 trake limunove korice od 1 inča
- 1 žličica crnog papra u zrnu

UPUTE:
a) Posolite tunjevinu oko 30 minuta prije nego što je planirate kuhati.
b) Za konfigiranje tune, stavite ulje, češnjak, crvenu papriku, lovorov list, koricu limuna i papar u zrnu u pećnicu ili duboku, tešku tavu za pirjanje. Zagrijte na oko 180°F—ulje bi trebalo biti toplo na dodir, ali ne vruće.
c) Kuhajte oko 15 minuta da ulje prožme arome i da se sve pasterizira kako bi se omogućio dug rok trajanja.
d) U zagrijano ulje ubacite tunjevinu u jednom sloju. Tuna mora biti prekrivena uljem pa po potrebi dodajte još. Također možete kuhati ribu u serijama ako je potrebno.
e) Vratite ulje na oko 150°F, ili samo dok ne vidite da riba ispušta mjehur ili dva svakih nekoliko sekundi. Točna temperatura ulja nije toliko važna i mijenjat će se kako pojačavate i spuštate plamen te dodajete i vadite ribu. Važno je polagano kuhati ribu, pa pogriješite na niskoj strani ako je potrebno.
f) Nakon otprilike 9 minuta izvadite komad iz ulja i provjerite je li pečeno. Riba bi trebala biti jedva srednje pečena - još uvijek prilično ružičasta u sredini - jer će se toplina nastaviti prenositi. Ako je prerijetko, vratite ribu na ulje i pecite još minutu.
g) Pečenu ribu izvadite iz ulja i ostavite da se ohladi na tanjuru u jednom sloju, zatim stavite u staklenu posudu i procijedite ohlađeno ulje na ribu. Poslužite na sobnoj temperaturi ili ohlađeno. Riba će stajati u hladnjaku, prelivena uljem, oko 2 tjedna.

KOKOŠ I JAJA

29.Najhrskavija pečena piletina

SASTOJCI:
- Cijelo pile od 4 kilograma
- Sol
- Ekstra djevičansko maslinovo ulje

UPUTE:
a) Dan prije nego što planirate skuhati piletinu, ispecite je (ili zamolite svog mesara da vam pomogne!). Upotrijebite snažne kuhinjske škare da odrežete obje strane kralježnice (donja strana ptice) i uklonite je. Možete početi od kraja repa ili vrata, kako vam se više sviđa. Nakon što uklonite kralježak, ostavite ga za zalihu. Uklonite vrhove krila i također ih ostavite za zalihu.

b) Položite piletinu na dasku za rezanje, s prsima prema gore. Gurnite prsnu kost dok ne čujete pucanje hrskavice i ptica ne leži ravno. Pticu obilno začinite solju s obje strane. Stavite ga s prsima prema gore u plitku posudu za pečenje i stavite u hladnjak, bez poklopca, preko noći.

c) Izvadite pticu iz hladnjaka sat vremena prije nego što je planirate kuhati. Zagrijte pećnicu na 425°F, s rešetkom postavljenom u gornju trećinu pećnice.

d) Zagrijte tavu od lijevanog željeza od 10 ili 12 inča ili neku drugu tavu na srednje jakoj vatri. Dodajte maslinovog ulja tek toliko da prekrijete dno posude. Čim ulje zablješti, stavite piletinu u tavu, prsima prema dolje i pržite 6 do 8 minuta, dok ne porumeni. U redu je ako ptica ne leži potpuno ravno sve dok su prsa u dodiru s tavom. Preokrenite pticu (opet, u redu je ako ne leži sasvim ravno) i gurnite cijelu posudu od lijevanog željeza u pećnicu na pripremljenu rešetku. Gurnite posudu skroz do zadnje strane pećnice, a ručka posude okrenuta ulijevo.

e) Nakon otprilike 20 minuta, pažljivo upotrijebite rukavicu za pećnicu i okrenite posudu za 180 stupnjeva tako da ručka bude okrenuta udesno i vratite je na sam stražnji dio gornje rešetke.

f) Kuhajte dok piletina ne posmeđi posvuda i dok ne počne biti bistar kada prerežete batak i but, oko 45 minuta.

g) Ostavite da odstoji 10 minuta prije rezanja. Poslužite toplo ili na sobnoj temperaturi.

30. Fritata od perzijskog bilja i zelenila Kuku Sabzi

SASTOJCI:
- 2 vezice zelene blitve oprane
- 1 veliki poriluk
- Ekstra djevičansko maslinovo ulje
- Sol
- 6 žlica neslanog maslaca
- 4 šalice sitno nasjeckanih listova cilantra i nježnih stabljika
- 2 šalice sitno nasjeckanih listova kopra i nježnih stabljika
- 8 do 9 velikih jaja

UPUTE:
a) Zagrijte pećnicu na 350°F ako ne želite preokrenuti svoj kuku tijekom pečenja.
b) Ogulite listove blitve. Uhvatite jednom rukom za podnožje svake stabljike, drugom rukom stisnite stabljiku i povucite prema gore kako biste skinuli list. Ponovite s preostalom blitvom, a peteljke ostavite.
c) Uklonite korijen i gornji centimetar poriluka, zatim ga narežite na četvrtine po dužini. Svaku četvrtinu izrežite na kriške od 1/4 inča, stavite u veliku zdjelu i snažno operite kako biste uklonili prljavštinu. Ocijedite što više vode. Stabljike blitve narežite na tanke ploške, odbacite sve žilave komadiće pri dnu. Dodati u oprani poriluk i ostaviti sa strane.
d) Lagano zagrijte tavu od lijevanog željeza ili neprijanjajuću tavu od 10 ili 12 inča na srednje jakoj vatri i dodajte dovoljno maslinovog ulja da prekrijete dno tave. Dodajte listove blitve i začinite s obilato prstohvatom soli. Kuhajte, povremeno miješajući, dok lišće ne uvene, 4 do 5 minuta. Izvadite blitvu iz kalupa, ostavite sa strane i ostavite da se ohladi.
e) Vratite posudu na štednjak i zagrijte na srednje jakoj vatri te dodajte 3 žlice maslaca. Kad se maslac počne pjeniti dodajte narezani poriluk i stabljike blitve te malo soli. Kuhajte dok ne omekša i postane proziran, 15 do 20 minuta. S vremena na vrijeme promiješajte i po potrebi dodajte malo vode, smanjite vatru ili pokrijte poklopcem ili komadom papira za pečenje kako biste uhvatili paru i spriječili razvoj boje.
f) U međuvremenu kuhane listove blitve ocijedite, ostavite tekućinu, pa ih krupno nasjeckajte. Pomiješajte u velikoj zdjeli s cilantrom i koprom. Kad su poriluk i stabljike blitve kuhane, dodajte ih zelju. Pustite da se smjesa malo ohladi pa rukama sve ujednačite. Kušajte i obilato začinite solju, znajući da ćete u smjesu dodati hrpu jaja.
g) Dodajte jaja, jedno po jedno, dok se smjesa jedva ne poveže s jajetom—možda nećete morati upotrijebiti svih 9 jaja, ovisno o tome koliko je vaše zelje bilo mokro i koliko su jaja velika, ali trebalo bi djelovati kao smiješno količina zelenila! Obično u ovom trenutku kušam i prilagođavam sol u smjesi, ali ako ne želite kušati

sirovo jaje, možete skuhati mali probni komad kukua i po potrebi prilagoditi sol.

h) Obrišite i ponovno zagrijte tavu na srednje jakoj vatri—ovo je važan korak za sprječavanje lijepljenja kukua—i dodajte 3 žlice maslaca i 2 žlice maslinovog ulja, zatim promiješajte da se sjedini. Kad se maslac počne pjeniti, kuku smjesu pažljivo ubacite u tepsiju.

i) Kako bi se kuku ravnomjerno ispekao, u prvih nekoliko minuta kuhanja gumenom lopaticom nježno povucite rubove smjese u sredinu dok se stvrdnjavaju. Nakon otprilike 2 minute smanjite vatru na srednju i pustite da kuku nastavi kuhati bez dodirivanja. Znat ćete da je tava dovoljno vruća sve dok ulje lagano mjehurićima pršti po stranicama kukua.

j) Budući da je ovaj kuku tako gust, trebat će neko vrijeme da se središte postavi. Ovdje je ključno ne dopustiti da kora zagori prije nego se središte stegne. Zavirite u koru podižući kuku gumenom lopaticom, a ako se prerano smrači, smanjite vatru. Okrećite tavu za četvrtinu kruga svake 3 ili 4 minute kako biste osigurali ravnomjerno pečenje.

k) Nakon otprilike 10 minuta, kada se smjesa ohladi do točke da više ne teče i dno postane zlatnosmeđe, skupite svu svoju hrabrost i pripremite se okrenuti kuku. Najprije izlijte što više masnoće za kuhanje u zdjelu kako biste spriječili da zagorite, zatim okrenite kuku na tavu za pizzu ili poleđinu lima za kolačiće ili u drugu veliku tavu. Dodajte 2 žlice maslinovog ulja u vruću tavu i ubacite kuku natrag da se ispeče druga strana. Kuhajte još 10 minuta, okrećući posudu svake 3-4 minute.

l) Ako nešto pođe po zlu kada pokušate preokrenuti, nemojte šiziti! Samo je ručak. Samo se potrudite okrenuti kuku, dodati još malo ulja u tavu i vratiti je u tavu u jednom komadu.

m) Ako radije ne okrećete, stavite cijeli pleh u pećnicu i pecite dok se sredina potpuno ne stegne, otprilike 10 do 12 minuta.

n) Provjerite je li pečeno čačkalicom ili samo protresite tavu naprijed-natrag, tražeći lagano podrhtavanje na vrhu kukua. Kad je gotov, pažljivo ga preokrenuti iz posude na tanjur. Uklonite višak ulja. Jedite toplo, na sobnoj temperaturi ili hladno. Kuku stvara nevjerojatne ostatke!

31. Začinjena pržena piletina

SASTOJCI:
- Piletina od 4 funte, izrezana na 10 komada, ili 3 funte pilećih bataka s kostima i kožom
- Sol
- 2 velika jaja
- 2 šalice mlaćenice
- 1 žlica ljutog umaka (moj omiljeni je Valentina!)
- 3 šalice višenamjenskog brašna
- 6 do 8 šalica ulja od sjemenki grožđa, kikirikija ili kanole za prženje, plus 1/4 šalice za začinjeno ulje
- 2 žlice kajenskog papra
- 1 žlica tamno smeđeg šećera
- 1/2 žličice dimljene paprike
- 1/2 žličice prženog kima, sitno mljevenog
- 1 češanj češnjaka, sitno naribanog ili istucanog s prstohvatom soli

UPUTE:
a) Pripremite piletinu prije kuhanja. Ako koristite cijelo pile, izrežite ga na 10 komada. Sačuvajte lešinu za svoju sljedeću seriju pilećeg temeljca. Ako koristite batake, očistite ih od kostiju i prepolovite.
b) Obilno posolite sa svih strana. Ohladite piletinu ako je začinite više od sat vremena unaprijed; inače ga ostavite na pultu.
c) Pomiješajte jaja, mlaćenicu i ljuti umak u velikoj zdjeli. Staviti na stranu. U drugoj posudi umutite brašno i 2 velika prstohvata soli. Staviti na stranu.
d) Stavite široku, duboku tavu na srednju vatru. Dodajte ulje do dubine od 1 1/2 inča i zagrijte na 360°F. Počnite rezati piletinu, jedan ili dva komada odjednom. Prvo ubacite u brašno i otresite višak, zatim umočite u mlaćenicu, pustite da višak kapne natrag u zdjelu, a zatim se vratite u smjesu brašna i zadnji put udubite. Otresite višak i stavite u lim za pečenje.
e) Pržite piletinu u dva ili tri kruga, pustite da temperatura ulja padne na oko 325°F dok se piletina peče. Koristite metalne hvataljke da povremeno okrenete piletinu, dok koža ne postane duboko zlatnosmeđa, oko 12 minuta (bliže 16 minuta za velike komade i 9 minuta za male komade). Ako niste sigurni da je meso pečeno, probodite nožem za guljenje kore i zavirite u meso. Treba ga kuhati sve do kosti, a sav sok koji meso ispusti mora biti bistar.
f) Ako je meso još sirovo ili sok ima i najmanji trag ružičaste boje, vratite piletinu na ulje i nastavite s pečenjem dok ne bude gotovo.
g) Ostavite da se ohladi na rešetki postavljenoj preko lima za pečenje.
h) Pomiješajte kajenski papar, smeđi šećer, papriku, kumin i češnjak u maloj posudi i dodajte 1/4 šalice ulja. Premažite piletinu začinjenim uljem i odmah poslužite.

32. Pileća pita u loncu

SASTOJCI:
ZA NADJEV
- 4 funte piletine ili 3 funte pilećih bataka s kostima i kožom
- Sol
- Ekstra djevičansko maslinovo ulje
- 3 žlice maslaca
- 2 srednje žuta luka, oguljena i narezana na komade od 1/2 inča
- 2 velike mrkve, oguljene i narezane na komade od 1/2 inča
- 2 velike stabljike celera, narezane na komade od 1/2 inča
- 1/2 funte svježih cremini, šampinjona ili gljiva lisičarki, obrezanih i na četvrtine
- 2 lista lovora
- 4 grančice svježeg timijana
- Svježe mljeveni crni papar
- 3/4 šalice suhog bijelog vina ili suhog šerija
- 1/2 šalice vrhnja
- 3 šalice pilećeg temeljca ili vode
- 1/2 šalice brašna
- 1 šalica graška, svježeg ili smrznutog
- 1/4 šalice sitno nasjeckanog peršinovog lišća

ZA KORE
- 1 recept za pitu s samo maslacem, ali ohladite tijesto u jednom komadu, ili 1/2 recepta za lagane i ljuskave keksiće od mlaćenice ili 1 paket lisnatog tijesta kupljenog u trgovini
- 1 veliko jaje, lagano umućeno

UPUTE:

a) Pripremite piletinu prije kuhanja. Ako koristite cijelo pile, narežite ga na četvrtine i spremite trup za sljedeću seriju pilećeg temeljca. Obilno posolite. Ohladite piletinu ako je začinite više od sat vremena unaprijed; inače ga ostavite na pultu.

b) Postavite veliku pećnicu ili sličan lonac na srednje jaku vatru. Kad se tava zagrije, dodajte maslinovog ulja toliko da prekrijete dno posude. Kad ulje zablješti, stavite polovicu komada piletine u tavu, s kožom prema dolje, i ravnomjerno zapecite sa svih strana, oko 4 minute po strani. Prebacite na tanjur i ponovite s preostalom piletinom.

c) Pažljivo bacite masnoću i lonac vratite na štednjak na srednju vatru. Otopite maslac i dodajte luk, mrkvu, celer, gljive, lovor i majčinu dušicu. Lagano začinite solju i paprom. Kuhati uz povremeno miješanje dok povrće ne dobije boju i omekša oko 12 minuta. Ulijte vino ili sherry i drvenom kuhačom deglazirajte tavu.

d) Zapečenu piletinu ugnijezdite u povrće. Dodajte vrhnje i pileći temeljac ili vodu i pojačajte vatru. Pokrijte lonac i pustite da zavrije, a zatim smanjite na laganoj vatri. Prsa, ako ih koristite, izvadite nakon 10 minuta krčkanja, ali tamno meso kuhajte ukupno 30 minuta. Ugasite vatru, zatim kuhanu piletinu prebacite na tanjur i ostavite da se umak ohladi. Odbacite lovorov list i majčinu dušicu. Nakon što umak odstoji nekoliko minuta i masnoća se podigne do vrha, upotrijebite kutlaču ili široku žlicu za prelijevanje u posudu za mjerenje tekućine ili malu zdjelicu.

e) U zasebnoj maloj zdjeli vilicom pomiješajte 1/2 šalice obrane masnoće s brašnom u gustu pastu. Kad se svo brašno prožmelo, umiješajte punu kutlaču tekućine od kuhanja i sjedinite. Ovu gustu tekućinu vratite u lonac i ponovno zakuhajte cijeli umak, zatim smanjite na vrije i kuhajte dok umak više nema okus sirovog brašna, oko 5 minuta. Kušajte i začinite solju i svježe mljevenim crnim paprom, a zatim maknite s vatre.

f) Zagrijte pećnicu na 400°F. Postavite rešetku za pećnicu u središnji položaj.

g) Kad se piletina dovoljno ohladi, narežite meso i sitno nasjeckajte kožu. Kosti sačuvajte za zalihu. U lonac dodajte nasjeckanu piletinu i kožu, grašak i peršin. Promiješajte da se sjedini, kušajte i prilagodite začine po potrebi. Maknite s vatre.

h) Ako koristite tijesto za pitu, razvaljajte ga u pravokutnik veličine 15 x 11 inča, debljine oko 1/8 inča i izrežite rupe za paru u tijestu duge najmanje 4 inča. Ako koristite keks, izrežite 8 keksa. Ako koristite lisnato tijesto, nježno odmrznite i razmotajte tijesto, zatim izrežite barem 4 inča duge otvore za paru u tijestu.

i) Ulijte nadjev u staklenu ili keramičku posudu veličine 9 x 13 inča ili plitku posudu za pečenje slične veličine. Položite pripremljeno tijesto ili lisnato tijesto preko nadjeva i odrežite tijesto tako da ostane rub od 1/2 inča oko ruba posude. Uvucite tijesto ispod sebe i zatvorite. Ako se tijesto ne lijepi za tavu samo od sebe, upotrijebite malo vode od jaja kako biste ga potaknuli da se zalijepi. Ako koristite kekse, nježno ih utisnite u nadjev tako da budu otkriveni otprilike tri četvrtine puta. Tijesto, lisnato tijesto ili kekse temeljito i izdašno namažite vodom od jaja.

j) Stavite na lim za pečenje i pecite 30 do 35 minuta, dok tijesto ili pecivo ne porumene, a nadjev postane mjehurić. Poslužite vruće.

33. Pileći Confit

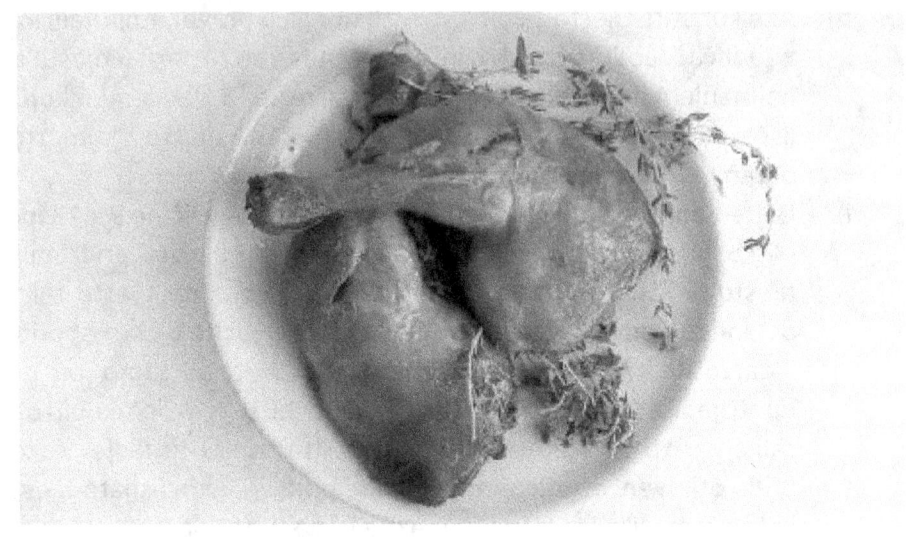

SASTOJCI:
- 4 pileće noge, s pričvršćenim batakima
- Sol
- Svježe mljeveni crni papar
- 4 grančice svježeg timijana
- 4 klinčića
- 2 lista lovora
- 3 režnja češnjaka, prepolovljena
- Oko 4 šalice pačje ili pileće masti ili maslinovog ulja

UPUTE:

a) Pripremite piletinu dan ranije. Oštrim nožem zarežite kožu pri dnu oko svakog batka, odmah iznad skočnog zgloba. Zarežite skroz okolo, sve do kosti, pazeći da presječete tetive. Posolite i popaprite. Posložite u posudu s majčinom dušicom, klinčićima, lovorom i češnjakom. Pokrijte i stavite u hladnjak preko noći.

b) Za pripremu uklonite arome i stavite batake u veliku pećnicu ili lonac u jednom sloju. Ako koristite paču ili pileću mast, lagano zagrijte u srednjoj tavi dok se ne ukapi. Ulijte dovoljno masnoće u holandsku pećnicu ili lonac da potopite meso, a zatim zagrijavajte na srednje jakoj vatri dok se prvi mjehurići ne pojave iz piletine. Smanjite vatru tako da masnoća nikad ne pretjera ni najmanje krčkanje. Kuhajte dok meso ne omekša kod kosti, oko 2 sata.

c) (Alternativno, kuhajte sve u pećnici, na oko 200°F. Koristite iste upute kao i kod kuhanja na štednjaku.)

d) Kad je meso pečeno ugasiti vatru i ostaviti da se malo ohladi na masnoći. Metalnim hvataljkama pažljivo izvadite piletinu iz masnoće. Uhvatite kost na kraju gležnja kako biste izbjegli trganje kože.

e) Pustite da se meso i masnoća ohlade, zatim stavite piletinu u staklenu ili keramičku posudu, procijedite masnoću preko nje, pazeći da bude potpuno potopljena. Pokrijte poklopcem. Čuvati u hladnjaku do 6 mjeseci.

f) Za posluživanje izvadite piletinu iz masnoće i ostružite višak. Zagrijte tavu od lijevanog željeza na srednje jakoj vatri i u tavu stavite piletinu s kožom prema dolje. Kao i kod piletine s pokretne trake, upotrijebite težinu druge posude od lijevanog željeza umotane u foliju kako biste lakše istopili masnoću i učinili kožu hrskavom. Stavite tavu na vrh piletine i lagano zagrijte da koža postane hrskava istom brzinom kojom se meso zagrijava. Kad počnete čuti pucketanje, a ne cvrčanje, obratite više pozornosti na meso kako ne bi zagorjelo. Nakon što koža porumeni, okrenite piletinu i nastavite zagrijavati but s druge strane bez utega. Cijeli proces će trajati oko 15 minuta.

g) Poslužite odmah.

34. Pržena piletina za prste polizati

SASTOJCI:
- 6 pilećih prsa bez kože i kostiju
- 1 1/2 šalica finih bijelih krušnih mrvica, po mogućnosti domaćih, ili panko
- 3/4 unce parmezana, sitno naribanog (oko 1/4 šalice)
- 1 šalica brašna, začinjena s velikim prstohvatom soli i prstohvatom kajenske paprike
- 3 velika jaja, umućena s prstohvatom soli
- 1 3/4 šalice pročišćenog maslaca, napravljenog od 1 funte maslaca

UPUTE:
a) Jedan pleh obložite papirom za pečenje, a drugi papirnatim ručnicima.
b) Ako su mekane i dalje pričvršćene za dojke, uklonite ih. Oštrim nožem uklonite komadić srebrne kože ili vezivnog tkiva na vrhu donje strane svake dojke.
c) Stavite jedna pileća prsa s donjom stranom prema gore na dasku za rezanje. Lagano utrljajte jednu stranu plastične vrećice maslinovim uljem i stavite je, stranom s uljem prema dolje, na grudi. Lupkajte donju stranu prsa kuhinjskim čekićem (ili, u nedostatku toga, upotrijebite praznu staklenku) dok ne bude ravnomjerno debljine oko 1/2 inča. Ponovite s preostalim grudima.
d) Prsa i meke lagano posolite, a zatim postavite stanicu za pohanje. Postavite tri velike, plitke zdjele ili posude za pečenje, po jednu sa začinjenim brašnom, razmućenim jajima i krušnim mrvicama. U krušne mrvice umiješajte parmezan.
e) Radeći poput Henryja Forda, prvo premažite sva prsa i meke brašnom, a zatim otresite višak. Zatim ih sve umočite i premažite jajetom, a višak otresite. Na kraju premažite komade krušnim mrvicama i stavite ih na lim obložen papirom za pečenje.
f) Postavite tavu od lijevanog željeza (ili neku drugu tavu) od 10 ili 12 inča na srednje jaku vatru i dodajte dovoljno pročišćenog maslaca da bude 1/4 inča uz rub tave. Kad masnoća zasja, dodajte malo krušnih mrvica da provjerite temperaturu masnoće. Čim zacvrče, stavite onoliko pilećih prsa koliko možete stati u tavu u jednom sloju. Treba postojati razmak između svake grudi, a masnoća bi

trebala doći barem do polovice bokova piletine kako bi se pohanje ravnomjerno ispeklo.

g) Prsa kuhajte na srednje jakoj vatri dok ne porumene, 3 do 4 minute, zatim ih okrenite i preokrenite. Pecite dok druga strana ne porumeni, izvadite iz posude i ocijedite na limu obloženom papirnatim ručnicima. (Ako niste sigurni da je meso pečeno, probodite kroz pohanje nožem za guljenje i provjerite.

h) Vratite se u tavu i kuhajte duže ako vidite ružičasto meso.) Dodajte još pročišćenog maslaca u tavu po potrebi i kuhajte preostala prsa i mekice na isti način.

i) Lagano pospite solju i odmah poslužite.

35. Piletina dimljena kaduljom i medom

SASTOJCI:

- 1 1/3 šalice meda
- 1 vezica kadulje
- 1 glavica češnjaka poprečno prepolovljena
- 3/4 šalice (4 1/4 unce) košer soli ili 1/2 šalice fine morske soli
- 1 žlica crnog papra u zrnu
- Piletina od 4 funte
- 2 šalice čipsa od jabuke

UPUTE:

a) Dan prije nego što želite kuhati piletinu, napravite rasol. U velikom loncu zakuhajte 1 litru vode s 1 šalicom meda, kaduljom, češnjakom, soli i paprom u zrnu. Dodajte 2 litre hladne vode. Ostavite salamuru da se ohladi na sobnu temperaturu. Uronite piletinu u rasol, s prsima prema dolje i ostavite u hladnjaku preko noći.

b) Da biste skuhali piletinu, izvadite je iz salamure i osušite. Procijedite salamuru kroz sito i nadjenite šupljinu piletine sa salamurom od češnjaka i kadulje. Savijte vrhove krila prema gore i preko leđa ptice. Zavežite pileće nogice. Ostavite pticu da se zagrije na sobnu temperaturu.

c) Drvenu sječku namočite u vodi 1 sat, zatim ocijedite. Pripremite za roštiljanje na neizravnoj vatri.

d) Za dimljenje na roštilju na drveni ugljen zapalite ugljen u starteru na dimnjaku. Kad ugljen zasvijetli crveno i bude obložen sivim pepelom, pažljivo ga bacite u dvije hrpe na suprotnim stranama roštilja. Stavite jednokratnu aluminijsku tavu u sredinu roštilja. Bacite 1/2 šalice drvne sječke na svaku hrpu ugljena da se stvori dim. Stavite rešetku na roštilj i stavite piletinu, s prsima prema gore, preko posude za skupljanje vode.

e) Pokrijte roštilj s otvorima za zrak postavljenim iznad mesa. Otvorite otvore do pola. Koristite digitalni termometar koji će vam pomoći u održavanju temperature od 200° do 225°F, dopunjavajući ugljen i drvo po potrebi. Kada termometar s trenutnim očitanjem umetnut u sredinu noge zabilježi 130°F, namažite preostalu 1/3 šalice meda po cijeloj koži. Vratite poklopac na roštilj i nastavite s kuhanjem dok termometar ne zabilježi 160°F kada ga umetnete u sredinu buta, još oko 35 minuta. Uklonite piletinu s roštilja i ostavite 10 minuta prije rezanja.

f) Kako bi koža bila hrskava prije posluživanja, ložite ugljen dok ne bude jako vruć ili upalite plamenike na jednoj strani roštilja na vrlo jake. Vratite piletinu u zonu neizravnog zagrijavanja i pokrijte roštilj. Kuhajte 5 do 10 minuta dok ne postane hrskavo.

g) Za dimljenje na plinskom roštilju, napunite komoru za pušenje drvenom sječkom i upalite plamenik koji je najbliži njoj na najjaču dok ne vidite dim. Ako vaš roštilj nema kutiju za dimljenje, stavite čips u čvrstu foliju i savijte ga u vrećicu. Probušite nekoliko rupa u vrećici i stavite je ispod rešetke iznad jednog od plamenika. Zagrijte na jakoj vatri dok se ne pojavi dim. Kad se čips počne dimiti, smanjite plamen, spustite poklopac i zagrijte roštilj na 250°F. Održavajte ovu temperaturu tijekom cijelog kuhanja.

h) Stavite piletinu, s prsima prema gore, iznad ugašenih plamenika—ovo je zona neizravnog zagrijavanja—i kuhajte 2 do 2 1/2 sata. Kada termometar s trenutnim očitanjem umetnut u sredinu noge zabilježi 130°F, namažite preostalu 1/3 šalice meda po cijeloj koži. Vratite poklopac roštilja i nastavite kuhati dok termometar ne zabilježi 160°F kada se umetne u središte buta, još oko 35 minuta. Uklonite piletinu s roštilja i ostavite 10 minuta prije rezanja.

i) Kako bi koža bila hrskava prije posluživanja, ložite ugljen dok ne bude jako vruć ili upalite plamenike na jednoj strani roštilja na vrlo jake. Vratite piletinu u zonu neizravnog zagrijavanja i pokrijte roštilj. Kuhajte 5 do 10 minuta dok ne postane hrskavo.

j) Za posluživanje, izrežite piletinu na četvrtine—to se jako dobro slaže s prženom kaduljom Umak Verde—ili narežite meso da napravite rezanu piletinu za sendviče.

36. Juha od piletine i češnjaka

SASTOJCI:
- piletina od 4 kilograma, narezana na četvrtine; ili 4 velika pileća bata i batak
- Sol
- Svježe mljeveni papar
- Ekstra djevičansko maslinovo ulje
- 2 srednje žute glavice luka, narezane na kockice (oko 3 šalice)
- 3 velike mrkve, oguljene i narezane na kockice (oko 1 1/4 šalice)
- 3 velike stabljike celera, narezane na kockice (oko 1 šalice)
- 2 lista lovora
- 10 šalica pilećeg temeljca
- 20 režnjeva češnjaka, tanko narezanih
- Po želji: korica parmezana

UPUTE:

a) Pripremite piletinu prije kuhanja. Ako koristite cijelu pticu, narežite je na četvrtine i spremite trup za sljedeću seriju pilećeg temeljca. Obilno začinite solju i svježe mljevenim crnim paprom. Ohladite piletinu ako je začinite više od sat vremena unaprijed; inače ga ostavite na pultu.

b) Prethodno zagrijte pećnicu od 8 litara ili sličan lonac na jakoj vatri. Dodajte dovoljno maslinovog ulja da prekrijete dno lonca. Kad ulje zablješti, dodajte polovicu komada piletine i dobro zapržite, oko 4 minute po strani. Izvadite i ostavite sa strane. Ponovite s preostalom piletinom.

c) Pažljivo ocijedite veći dio masnoće iz posude. Vratite tavu na štednjak i smanjite vatru na srednje nisku. Dodajte luk, mrkvu, celer i lovorov list i kuhajte dok ne omekša i ne porumeni, oko 12 minuta. Vratite piletinu u lonac i dodajte 10 šalica temeljca ili vode, sol, papar i koricu parmezana, ako koristite. Pustite da zavrije, a zatim smanjite na laganoj vatri.

d) Zagrijte malu tavu na srednje jakoj vatri i dodajte dovoljno maslinovog ulja da prekrije dno, zatim dodajte češnjak. Lagano pržite češnjak oko 20 sekundi, dok ne pusti miris, ali ne dopustite da poprimi boju. Dodati u juhu i nastaviti pirjati.

e) Ako koristite prsa, izvadite ih iz lonca nakon 12 minuta i nastavite pirjati batake i batake dok ne omekšaju, ukupno oko 50 minuta. Ugasite vatru i skinite masnoću s površine juhe. Izvadite svu piletinu iz juhe. Kad je piletina dovoljno hladna za rukovanje, odvojite meso od kostiju i narežite.

f) Bacite kožu ako želite (iako je ja volim sitno nasjeckati i koristiti), a meso vratiti u juhu. Kušajte juhu i prilagodite sol po potrebi. Poslužite vruće.

g) Ostavite u hladnjaku, poklopljeno, do 5 dana ili zamrznite do 2 mjeseca.

37.Adas Polo ili Morgh piletina s rižom od leće

SASTOJCI:
- piletina od 4 kilograma; ili 8 butova s kostima i kožom
- Sol
- 1 žličica plus 1 žlica mljevenog kima
- Ekstra djevičansko maslinovo ulje
- 3 žlice neslanog maslaca
- 2 srednje žuta luka, tanko narezana
- 2 lista lovora
- Mali prstohvat niti šafrana
- 2 1/2 šalice basmati riže, neoprane
- 1 šalica crnih ili zlatnih grožđica
- 6 Medjool datulja, bez koštica i na četvrtine
- 4 1/2 šalice pilećeg temeljca ili vode
- 1 1/2 šalice kuhane, ocijeđene smeđe ili zelene leće (od otprilike 3/4 šalice sirove)

UPUTE:

a) Pripremite piletinu prije kuhanja. Ako koristite cijelu pticu, narežite je na četvrtine i spremite trup za sljedeću seriju pilećeg temeljca. Obilno začinite solju i 1 žličicom kumina sa svih strana. Ohladite piletinu ako je začinite više od sat vremena unaprijed; inače ga ostavite na pultu.

b) Omotajte poklopac velike pećnice ili sličnog lonca kuhinjskom krpom pričvršćenom za ručku gumenom trakom. To će upiti paru i spriječiti da se kondenzira i kaplje natrag na piletinu, što bi moglo učiniti kožu vlažnom.

c) Postavite pećnicu na srednje jaku vatru i dodajte maslinovo ulje da premažete dno posude. Zapržite piletinu u dva dijela da ne bude gužva u tavi. Počnite s kožom prema dolje, a zatim okrenite i okrećite piletinu oko tave da se ravnomjerno zapeče s obje strane, oko 4 minute po strani. Izvadite iz posude i ostavite sa strane. Pažljivo bacite mast.

d) Vratite tavu na srednju temperaturu i otopite maslac. Dodajte luk, kumin, lovor, šafran i prstohvat soli i kuhajte, miješajući, dok ne smeđe i omekša, oko 25 minuta.

e) Pojačajte vatru na srednje jaku i dodajte rižu u tavu i tostirajte, miješajući, dok ne postane svijetlo zlatne boje. Dodajte grožđice i datulje i pustite da se prže minutu dok se ne počnu puniti.

f) Ulijte temeljac i leću, pojačajte vatru i pustite da zavrije. Obilno posolite i okusite. Kako biste rižu pravilno začinili, neka tekućina bude dovoljno slana da vam bude pomalo neugodno - trebala bi biti slanija od najslanije juhe koju ste ikada probali. Smanjite vatru i stavite piletinu s kožom prema gore. Poklopite posudu i kuhajte 40 minuta na laganoj vatri.

g) Nakon 40 minuta isključite vatru i ostavite tavu pokrivenu 10 minuta da se nastavi kuhati na pari. Uklonite poklopac i vilicom promiješajte rižu. Poslužite odmah s perzijskim biljem i jogurtom od krastavaca.

38. Piletina s octom

SASTOJCI:
- Piletina od 4 funte
- Sol
- Svježe mljeveni crni papar
- 1/2 šalice višenamjenskog brašna
- Ekstra djevičansko maslinovo ulje
- 3 žlice neslanog maslaca
- 2 srednje žuta luka, tanko narezana
- 3/4 šalice suhog bijelog vina
- 6 žlica bijelog vinskog octa
- 2 žlice lišća estragona, sitno nasjeckanog
- 1/2 šalice gustog vrhnja ili crème fraîche

UPUTE:
a) Pripremite piletinu prije kuhanja. Izrežite pticu na 8 dijelova i spremite trup za sljedeću seriju pilećeg temeljca. Obilno začinite solju i svježe mljevenim crnim paprom. Ohladite piletinu ako je začinite više od sat vremena unaprijed; inače ga ostavite na pultu.
b) Stavite brašno u plitku zdjelu ili tanjur za pite i začinite s obilnim prstohvatom soli. Potopite komade piletine u brašno, otresite višak i poslažite u jednom sloju na rešetku ili lim za pečenje obložen papirom za pečenje.
c) Stavite veliku tavu ili pećnicu na srednje jaku vatru i dodajte dovoljno maslinovog ulja da premaže tavu. Zapržite piletinu u dva dijela da ne bude gužva u tavi. Počnite s kožom prema dolje, a zatim okrenite i okrećite piletinu oko tave da se ravnomjerno zapeče s obje strane, oko 4 minute po strani. Popečenu piletinu stavite na lim za pečenje, zatim pažljivo uklonite masnoću i obrišite posudu.
d) Vratite tavu na srednju vatru i otopite maslac. Dodajte luk, posolite i promiješajte. Kuhajte luk, povremeno miješajući, dok ne omekša i ne omekša, oko 25 minuta.
e) Pojačajte plamen, dodajte vino i ocat i drvenom kuhačom stružite tavu da se deglazira. Dodajte pola estragona i promiješajte. Vratite piletinu, s kožom prema gore, u tavu i smanjite vatru da lagano kuha. Stavite poklopac na posudu i nastavite pirjati. Izvadite prsa kada su pečena, nakon otprilike 12 minuta, ali pustite da se tamno meso nastavi kuhati dok ne omekša pri kosti, ukupno 35 do 40 minuta.
f) Prebacite piletinu na pladanj, pojačajte vatru i dodajte vrhnje ili crème fraîche. Pustite da umak prokuha i zgusne se. Kušajte i prilagodite začine solju, paprom i još malo octa ako je potrebno da umak bude živiji. Dodajte preostali estragon i žlicom prelijte piletinu za posluživanje.

39.Glazirana piletina s pet začina

SASTOJCI:
- Piletina od 4 funte ili 8 pilećih bataka s kostima i kožom
- Sol
- 1/4 šalice soja umaka
- 1/4 šalice tamno smeđeg šećera
- 1/4 šalice mirina (rižino vino)
- 1 žličica prženog sezamovog ulja
- 1 žlica sitno naribanog đumbira
- 4 češnja češnjaka, sitno naribana ili istucana s prstohvatom soli
- 1/2 žličice kineskog praha od pet začina
- 1/4 žličice kajenskog papra
- 1/4 šalice grubo nasjeckanih listova i mekih stabljika cilantra
- 4 mladog luka, zeleni i bijeli dijelovi narezani na komade

UPUTE:
a) Pripremite piletinu dan prije nego što želite kuhati. Ako koristite cijelo pile, izrežite pticu na 8 dijelova i spremite trup za sljedeću seriju pilećeg temeljca. Piletinu lagano posolite i ostavite da odstoji 30 minuta. Imajte na umu da se marinada većinom sastoji od soja umaka, koji je slan, pa koristite samo otprilike upola manje soli nego inače.
b) U međuvremenu, pjenjačom pomiješajte sojin umak, smeđi šećer, mirin, sezamovo ulje, đumbir, češnjak, pet začina i cayenne. Stavite piletinu u plastičnu vrećicu koja se može zatvoriti i ulijte marinadu. Zatvorite vrećicu i poškropite marinadom tako da sva piletina bude ravnomjerno premazana. Hladiti preko noći.
c) Nekoliko sati prije nego što želite ispeći piletinu, izvadite je iz hladnjaka da se ugrije na sobnu temperaturu. Zagrijte pećnicu na 400°F.
d) Za kuhanje stavite piletinu s kožom prema gore u plitku posudu za pečenje veličine 8 x 13 inča, a zatim meso prelijte marinadom. Marinada bi trebala obilno prekriti dno posude. Ako ne, dodajte 2 žlice vode kako biste osigurali ravnomjerno prekrivanje i spriječili zagorijevanje. Gurnite u pećnicu i okrećite posudu svakih 10 do 12 minuta.
e) Izvadite prsa, ako ih koristite, nakon 20 minuta kuhanja, kako biste spriječili prekuhavanje. Nastavite kuhati tamno meso još 20 do 25 minuta, dok ne omekša kod kosti, odnosno ukupno 45 minuta.
f) Kad je tamno meso pečeno, vratite prsa u tavu i uključite pećnicu na 450°F da se umak smanji, a koža postane tamnosmeđa i hrskava, oko 12 minuta. Premažite piletinu marinadom iz tave svake 3 do 4 minute kako bi se glazurila.
g) Poslužite toplo, ukrašeno cilantrom i narezanim mladim mladim lukom.
h) Pokrijte i ostavite ostatke u hladnjaku do 3 dana.

40. Pečena piletina marinirana u mlaćenici

SASTOJCI:
- Piletina od 3 1/2 do 4 funte
- Sol
- 2 šalice mlaćenice

UPUTE:
a) Dan prije nego što želite skuhati piletinu, uklonite vrhove krila tako što ćete zarezati prvi spoj krila škarama za perad ili oštrim nožem. Rezerva za zalihu. Obilno ga posolite i ostavite da odstoji 30 minuta.
b) Umiješajte 2 žlice košer soli ili 4 žličice fine morske soli u mlaćenicu da se otopi. Stavite piletinu u plastičnu vrećicu veličine galona koja se može zatvoriti i ulijte mlaćenicu. Ako piletina ne stane u vrećicu veličine galona, udvostručite dvije plastične vrećice za proizvode kako biste spriječili curenje i zavežite vrećicu uzicom.
c) Zatvorite ga, zgnječite mlaćenicu svuda oko piletine, stavite na tanjur s rubom i ohladite. Ako ste toliko skloni, tijekom sljedeća 24 sata možete okrenuti vrećicu da se svaki dio piletine marinira, ali to nije bitno.
d) Izvadite piletinu iz hladnjaka sat vremena prije nego što je planirate kuhati. Zagrijte pećnicu na 425°F, s rešetkom postavljenom u središnji položaj.
e) Izvadite piletinu iz plastične vrećice i ostružite što više mlaćenice bez da ste opsesivni. Pileće batake čvrsto povežite komadom mesarske špage. Stavite piletinu u tavu od lijevanog željeza od 10 inča ili plitku posudu za pečenje.
f) Gurnite posudu skroz do stražnjeg dijela pećnice na središnju rešetku. Okrenite tavu tako da noge budu usmjerene prema stražnjem lijevom kutu, a prsa prema središtu pećnice (stražnji uglovi obično su najtoplije točke u pećnici, tako da ova orijentacija štiti prsa od prepečenja prije nego što se bataki su gotovi). Vrlo brzo biste trebali čuti kako piletina cvrči.
g) Nakon otprilike 20 minuta, kada piletina počne pržiti, smanjite temperaturu na 400°F i nastavite peći 10 minuta, a zatim pomaknite posudu tako da su noge okrenute prema stražnjem desnom kutu pećnice.
h) Nastavite kuhati još 30-ak minuta, dok piletina posvuda ne porumeni i dok se sok ne izbistri kada zabodete nož do kosti između buta i buta.
i) Kad je piletina gotova, izvadite je na pladanj i ostavite da odstoji 10 minuta prije rezanja i posluživanja.

41. Sicilijanska pileća salata

SASTOJCI:
- 1/2 srednjeg crvenog luka, narezanog na kockice
- 1/4 šalice crvenog vinskog octa
- 1/2 šalice ribiza
- 5 šalica nasjeckanog pečenog ili poširanog pilećeg mesa (od otprilike 1 pečene piletine)
- 1 šalica tvrdog Aïolija
- 1 žličica sitno naribane korice limuna
- 2 žlice soka od limuna
- 3 žlice sitno nasjeckanog peršinova lista
- 1/2 šalice pinjola, lagano tostiranih
- 2 manje stabljike celera, narezane na kockice
- 1/2 srednje lukovice komorača, narezane na kockice (oko 1/2 šalice)
- 2 žličice mljevenog sjemena komorača
- Sol

UPUTE:
a) Pomiješajte luk i ocat u maloj posudi i ostavite 15 minuta da se macerira.
b) U zasebnoj maloj zdjeli potopite ribizle u kipuću vodu. Ostavite ih 15 minuta da se rehidriraju i napune. Ocijedite i stavite u veliku zdjelu.
c) Dodajte piletinu, aïoli, limunovu koricu, limunov sok, peršin, pinjole, celer, lukovicu komorača, sjeme komorača i dva velika prstohvata soli u ribizle i promiješajte da se sjedine. Umiješajte macerirani luk (ali ne njegov ocat) i kušajte. Po potrebi dosolite i dodajte ocat.
d) Poslužite na prepečenim kriškama hrskavog kruha ili omotane u listove zelene salate romaine ili Little Gem.

MESO

42.Začinjena pureća prsa u salamuri

SASTOJCI:
- 3/4 šalice košer soli ili 1/2 šalice (4 1/4 unce) fine morske soli
- 1/3 šalice šećera
- 1 glavica češnjaka, poprečno prepolovljena
- 1 žličica crnog papra u zrnu
- 2 žlice listića crvene paprike
- 1/2 žličice mljevenog kajenskog papra
- 1 limun
- 6 listova lovora
- 1 pureća poluprsa s kožom bez kostiju, oko 3 1/2 funte
- Ekstra djevičansko maslinovo ulje

UPUTE:

a) Stavite sol, šećer, češnjak, papar u zrnu, ljuskice papra i ljutu papriku u veliki lonac s 4 šalice vode. Gulilicom za povrće uklonite limunovu koricu, a zatim prepolovite limun. Iscijedite sok u lonac pa dodajte polovice limuna i koricu. Pustite da zavrije, a zatim smanjite na laganoj vatri, miješajući s vremena na vrijeme. Kad se sol i šećer otope, maknite s vatre i dodajte 8 šalica hladne vode. Ostavite salamuru da se ohladi na sobnu temperaturu. Ako je pureći mek - duga traka bijelog mesa na donjoj strani prsa - još uvijek pričvršćena, uklonite je povlačenjem. Uronite pureća prsa i meso u slanu otopinu i ostavite u hladnjaku preko noći ili do 24 sata.

b) Dva sata prije kuhanja izvadite prsa i mek, ako ih koristite, iz salamure i ostavite na sobnoj temperaturi.

c) Zagrijte pećnicu na 425°F. Postavite veliku tavu od lijevanog željeza ili drugu tavu otpornu na pećnicu na štednjak na jaku vatru. Kad se zagrije, dodajte žlicu maslinovog ulja, pa prsa stavite u tavu, kožom prema dolje. Smanjite vatru na srednje jaku i pecite prsa 4 do 5 minuta, dok koža ne počne poprimati boju. Upotrijebite hvataljke da okrenete prsa tako da su kožom okrenuta prema gore, stavite mekani dio u tavu pored prsa i gurnite tavu u pećnicu, gurajući je što više unazad. Ovo je najtoplije mjesto u pećnici i taj početni udar topline osigurat će da puretina lijepo porumeni.

d) Izvadite tijesto iz posude kada na najdebljem mjestu očita 150°F na termometru s trenutnim očitanjem, otprilike 12 minuta.

e) Provjerite i temperaturu dojke na nekoliko različitih mjesta u ovom trenutku, samo da imate osjećaj gdje se nalazi. Nastavite kuhati prsa još 12 do 18 minuta, dok ne zabilježe 150°F na najdebljem mjestu. (Unutarnja temperatura počet će se brzo penjati kada dosegne 130°F, pa se nemojte previše udaljavati od pećnice i provjeravajte prsa svakih nekoliko minuta.) Izvadite ih iz pećnice i posude i ostavite da se odmore na najmanje 10 minuta prije rezanja.

Za posluživanje, narežite naspram zrna (poprečno) na prednjoj strani.

43.Svinjetina pirjana s čilijem

SASTOJCI:
- 4 funte svinjske lopatice bez kostiju (ponekad se naziva i svinjski but)
- Sol
- 1 glavica češnjaka
- Ulje neutralnog okusa
- 2 srednje žute glavice luka, narezane na ploške
- 2 šalice zgnječene rajčice u soku, svježe ili konzervirane
- 2 žlice sjemenki kumina (ili 1 žlica mljevenog kima)
- 2 lista lovora
- 8 suhih čilija, kao što su Guajillo, New Mexico, Anaheim ili ancho, očišćenih od peteljki, sjemenki i ispranih
- Po želji: za dašak dima dodajte 1 žlicu dimljene paprike ili 2 dimljene paprike kao što je chipotle Morita ili Pasilla de Oaxaca u pirjanje
- 2 do 3 šalice lager ili pilsner piva
- 1/2 šalice grubo nasjeckanog cilantra za ukras

UPUTE:
a) Dan prije nego što planirate kuhati, obilno začinite svinjetinu solju. Pokrijte i ohladite.
b) Kada budete spremni za kuhanje, zagrijte pećnicu na 325°F. Uklonite korijenje s glavice češnjaka, a zatim ga prerežite na pola poprečno. (Ne brinite o dodavanju ljuski u pirjanje—ocijedit će se na kraju. Ako mi ne vjerujete, samo naprijed i ogulite cijelu glavicu češnjaka—samo vam pokušavam uštedjeti malo vremena i truda.)
c) Postavite veliku pećnicu otpornu na pećnicu ili sličan lonac na srednje jaku vatru. Kad se zagrije dodajte 1 žlicu ulja. Kad ulje zasja, stavite svinjetinu u lonac. Zapržite ga ravnomjerno sa svih strana, otprilike 3 do 4 minute po strani.
d) Kad meso porumeni izvadite ga i ostavite sa strane. Pažljivo ocijedite što više masnoće iz lonca, a zatim ga vratite na štednjak. Smanjite vatru na srednju i dodajte 1 žlicu neutralnog ulja. Dodajte luk i češnjak i kuhajte, miješajući s vremena na vrijeme, dok luk ne omekša i lagano se zapeče, oko 15 minuta.

e) U lonac dodajte rajčicu i sok, kim, lovor, sušeni čili i dimljenu papriku ili papriku ako koristite i promiješajte. Stavite svinjetinu na aromatičnu podlogu i dodajte dovoljno piva da dođe 1 1/2 inča do strane mesa. Pripazite da paprika i lovor budu najvećim dijelom uronjeni u sok kako ne bi zagorjeli.

f) Pojačajte vatru i pustite da zavrije na štednjaku, a zatim lonac nepoklopljen ubacite u pećnicu. Nakon 30 minuta provjerite je li tekućina jedva ključala. Otprilike svakih 30 minuta okrenite svinjetinu i provjerite razinu tekućine. Dodajte još piva koliko je potrebno da tekućina ostane na dubini od 1 1/2 inča. Kuhajte dok meso ne omekša i ne raspadne se na dodir vilice, 3 1/2 do 4 sata.

g) Pečenu svinjetinu izvadite iz pećnice i pažljivo izvadite iz posude. Bacite lovorov list, ali ne brinite oko vađenja češnjaka jer će sito uhvatiti ljuske. Koristeći mlin za hranu, blender ili procesor hrane, zgnječite aromatične tvari i procijedite ih kroz sito. Odbacite krutine.

h) Skinite masnoću s umaka, a zatim kušajte, prilagođavajući sol po potrebi.

i) U ovom trenutku možete ili narezati meso i pomiješati ga s umakom kako biste napravili svinjske tacose ili ga narezati i žlicom preliti umakom preko svinjetine da biste je poslužili kao glavno jelo. Ukrasite nasjeckanim cilantrom i poslužite s kiselim začinima poput meksičke kreme, meksičke biljne salse ili jednostavne limete.

j) Pokrijte i ostavite ostatke u hladnjaku do 5 dana. Pirjano meso se izuzetno dobro smrzava. Jednostavno potopite u tekućinu za kuhanje, poklopite i zamrznite do 2 mjeseca. Za posluživanje vratite pirjani kuhač na štednjak uz malo vode.

44.Kufte ćevapi

SASTOJCI:
- 1 veliki prstohvat šafrana
- 1 velika glavica žutog luka krupno naribana
- 1 1/2 funte mljevene janjetine (po mogućnosti plećke)
- 3 češnja češnjaka, sitno naribana ili istucana s prstohvatom soli
- 1 1/2 žličice mljevene kurkume
- 6 žlica vrlo sitno nasjeckanog peršina, mente i/ili cilantra u bilo kojoj kombinaciji
- Svježe mljeveni crni papar
- Sol

UPUTE:

a) Koristite šafran za pripremu čaja od šafrana. Luk protisnite kroz sito, istisnite što više tekućine, a tekućinu bacite.

b) Stavite čaj od šafrana, luk, janjetinu, češnjak, kurkumu, začinsko bilje i prstohvat crnog papra u veliku zdjelu. Dodajte tri velikodušna prstohvata soli i rukama umijesite smjesu. Vaše su ruke ovdje vrijedan alat; toplina vašeg tijela pomalo topi masnoću, što pomaže da se smjesa zalijepi i daju manje mrvičaste ćevape. Skuhajte mali komadić smjese u tavi i kušajte sol i druge začine. Prilagodite po potrebi, a ako je potrebno skuhajte drugi komad i ponovno kušajte.

c) Nakon što je smjesa začinjena po vašem ukusu, navlažite ruke i počnite oblikovati duguljaste, trostrane mesne okruglice lagano skupljajući prste oko 2 žlice smjese. Položite mala torpeda na lim obložen papirom za pečenje.

d) Za kuhanje pecite ćevape na žaru na vrućem ugljenu dok ne pougljenje izvana i jedva da se skuhaju unutar, otprilike 6 do 8 minuta. Često ih okrećite kada počnu smeđiti kako bi dobili ujednačenu koricu. Kad su gotovi, ćevapi trebaju biti čvrsti na dodir, ali malo popustiti u sredini kada se stisnu. Ako niste sigurni jesu li gotovi, otvorite jedan i provjerite—ako postoji ružičasti promjer veličine novčića okružen smeđim prstenom, gotovo je!

e) Za kuhanje u zatvorenom prostoru, stavite tavu od lijevanog željeza na jaku vatru, dodajte taman toliko maslinovog ulja da prekrije dno tave i pecite 6 do 8 minuta, okrećući samo jednom sa svake strane.

f) Poslužite odmah ili na sobnoj temperaturi, s perzijskom rižom i jogurtom od perzijskih biljaka ili salatom od mrkve s đumbirom, limetom i charmoulom.

UMACI

45. Osnovna Umak Verde

SASTOJCI:
- 3 žlice sitno narezane ljutike (otprilike 1 srednja ljutika)
- 3 žlice crvenog vinskog octa
- 1/4 šalice vrlo sitno nasjeckanog lišća peršina
- 1/4 šalice ekstra djevičanskog maslinovog ulja
- Sol

UPUTE:
a) U maloj posudi pomiješajte ljutiku i ocat i ostavite 15 minuta da se macerira.
b) U zasebnoj maloj posudi pomiješajte peršin, maslinovo ulje i velikodušno prstohvat soli.
c) Neposredno prije posluživanja, šupljikavom žlicom dodajte ljutiku (ali još ne ocat) u peršinovo ulje. Promiješajte, kušajte i dodajte octa po potrebi. Kušajte i prilagodite sol. Poslužite odmah.
d) Pokrijte i ostavite ostatke u hladnjaku do 3 dana.

46. Umak verde od pržene kadulje

SASTOJCI:
- Osnovna Umak Verde
- 24 lista kadulje
- Oko 2 šalice ulja neutralnog okusa za prženje

UPUTE:
a) Slijedite upute za prženje kadulje.
b) Neposredno prije posluživanja izmrvite kadulju u salsu. Probajte salsu i prilagodite sol i kiselinu.
c) Pokrijte i ostavite ostatke u hladnjaku do 3 dana.

47.Klasična francuska biljna umak

SASTOJCI:
- 3 žlice sitno narezane ljutike (otprilike 1 srednja ljutika)
- 3 žlice bijelog vinskog octa
- 2 žlice vrlo sitno nasjeckanog lišća peršina
- 1 žlica vrlo sitno nasjeckanog češnjevka
- 1 žlica vrlo sitno nasjeckanog vlasca
- 1 žlica vrlo sitno nasjeckanog bosiljka
- 1 žličica vrlo sitno nasjeckanog estragona
- 5 žlica ekstra djevičanskog maslinovog ulja
- Sol

UPUTE:
a) U maloj posudi pomiješajte ljutiku i ocat i ostavite 15 minuta da se macerira.
b) U zasebnoj maloj zdjeli pomiješajte peršin, češnjak, vlasac, bosiljak, estragon, maslinovo ulje i velikodušno prstohvat soli.
c) Neposredno prije posluživanja, šupljikavom žlicom dodajte ljutiku (ali ne i ocat, još) u začinsko ulje. Promiješajte, kušajte i dodajte octa po potrebi. Kušajte i prilagodite sol.
d) Pokrijte i ostavite ostatke u hladnjaku do 3 dana.

48. Meksička biljna umak

SASTOJCI:
- 3 žlice sitno narezane ljutike (otprilike 1 srednja ljutika)
- 3 žlice soka od limete
- 1/4 šalice vrlo sitno nasjeckanih listova cilantra i nježnih stabljika
- 1 žlica mljevenog jalapeño papra
- 2 žlice vrlo sitno nasjeckanog mladog luka (zeleni i bijeli dio)
- 1/4 šalice ulja neutralnog okusa
- Sol

UPUTE:
a) U maloj posudi pomiješajte ljutiku i sok limete i ostavite 15 minuta da se macerira.
b) U zasebnoj maloj posudi pomiješajte cilantro, jalapeño, mladi luk, ulje i velikodušno prstohvat soli.
c) Neposredno prije posluživanja, šupljikavom žlicom dodajte ljutiku (ali ne i sok od limete, još) u začinsko ulje. Promiješajte, kušajte i po potrebi dodajte sok od limete. Kušajte i prilagodite sol.
d) Pokrijte i ostavite ostatke u hladnjaku do 3 dana.

49. Biljna umak iz jugoistočne Azije

SASTOJCI:
- 3 žlice sitno narezane ljutike (otprilike 1 srednja ljutika)
- 3 žlice soka od limete
- 1/4 šalice vrlo sitno nasjeckanih listova cilantra i nježnih stabljika
- 1 žlica mljevenog jalapeño papra
- 2 žlice vrlo sitno nasjeckanog mladog luka (zeleni i bijeli dio)
- 2 žličice sitno naribanog đumbira
- 5 žlica ulja neutralnog okusa
- Sol

UPUTE:
a) U maloj posudi pomiješajte ljutiku i sok limete i ostavite 15 minuta da se macerira.
b) U zasebnoj maloj posudi pomiješajte cilantro, jalapeño, mladi luk, đumbir, ulje i velikodušno prstohvat soli.
c) Neposredno prije posluživanja, šupljikavom žlicom dodajte ljutiku (ali ne i sok od limete, još) u začinsko ulje. Promiješajte, kušajte i po potrebi dodajte sok od limete. Kušajte i prilagodite sol.
d) Pokrijte i ostavite ostatke u hladnjaku do 3 dana.

50.Japanska biljna umak

SASTOJCI:
- 2 žlice vrlo sitno nasjeckanog lišća peršina
- 2 žlice vrlo sitno nasjeckanih listova i nježnih stabljika cilantra
- 2 žlice vrlo sitno nasjeckanog mladog luka (zeleni i bijeli dio)
- 1 žličica sitno naribanog đumbira
- 1/4 šalice ulja neutralnog okusa
- 1 žlica soja umaka
- 3 žlice začinjenog rižinog vinskog octa
- Sol

UPUTE:
a) U maloj zdjeli pomiješajte peršin, cilantro, mladi luk, đumbir, ulje i soja umak. Neposredno prije posluživanja dodajte ocat. Promiješajte, kušajte i prema potrebi prilagodite sol i kiselinu.
b) Pokrijte i ostavite ostatke u hladnjaku do 3 dana.

51. Meyerova umak od limuna

SASTOJCI:
- 1 manji Meyer limun
- 3 žlice sitno narezane ljutike (otprilike 1 srednja ljutika)
- 3 žlice bijelog vinskog octa
- 1/4 šalice vrlo sitno nasjeckanog lišća peršina
- 1/4 šalice ekstra djevičanskog maslinovog ulja
- Sol

UPUTE:
a) Narežite limun po dužini na četvrtine, zatim uklonite središnju opnu i sjemenke. Očišćeni limun sitno narežite na kockice, uključujući košticu i koru. U maloj posudi pomiješajte komadiće limuna i sav sok koji uspijete sačuvati s ljutikom i octom. Ostavite 15 minuta da se macerira.
b) U zasebnoj maloj zdjeli pomiješajte peršin, maslinovo ulje i velikodušno prstohvat soli.
c) Za posluživanje, šupljikavom žlicom dodajte mješavinu Meyerovog limuna i ljutike (ali još ne ocat) u biljnom ulju. Probajte okus i prema potrebi prilagodite sol i kiselinu.
d) Ostavite u hladnjaku, poklopljeno, do 3 dana.

52. Sjevernoafrička Charmoula

SASTOJCI:
- 1/2 žličice sjemena kima
- 1/2 šalice ekstra djevičanskog maslinovog ulja
- 1 šalica grubo nasjeckanih listova i mekih stabljika cilantra
- 1 češanj češnjaka
- Remen đumbira od 1 inča, oguljen i narezan
- 1/2 male jalapeño paprike, bez peteljke
- 4 žličice soka od limete
- Sol

UPUTE:
a) Stavite sjemenke kumina u malu, suhu tavu i stavite na srednje jaku vatru. Stalno vrtite tavu kako biste osigurali ravnomjerno pečenje. Tostirajte dok prvih nekoliko sjemenki ne počne pucati i ispuštati pikantnu aromu, oko 3 minute. Maknite s vatre. Odmah bacite sjemenke u zdjelu mužara ili mlinca za začine. Sa prstohvatom soli sitno sameljite.
b) Stavite ulje, prženi kumin, cilantro, češnjak, đumbir, jalapeño, sok od limete i 2 velika prstohvata soli u blender ili procesor hrane. Miksajte dok ne ostanu komadići ili cijeli listovi. Kušajte i prilagodite sol i kiselinu. Dodajte vodu po potrebi da razrijedite do željene konzistencije. Pokrijte i ohladite do posluživanja.
c) Pokrijte i ostavite ostatke u hladnjaku do 3 dana.

53.Indijski Chutney od kokosa i cilantra

SASTOJCI:
- 1 žličica sjemena kumina
- 2 žlice soka od limete
- 1/2 šalice svježeg ili smrznutog ribanog kokosa
- 1 do 2 češnja češnjaka
- 1 šalica listova cilantra i nježnih stabljika (od otprilike 1 vezice)
- 12 listova svježe metvice
- 1/2 jalapeño papra, bez peteljke
- 3/4 žličice šećera
- Sol

UPUTE:
a) Stavite sjemenke kumina u malu, suhu tavu i stavite na srednje jaku vatru. Stalno vrtite tavu kako biste osigurali ravnomjerno pečenje. Tostirajte dok prvih nekoliko sjemenki ne počne pucati i ispuštati pikantnu aromu, oko 3 minute. Maknite s vatre. Odmah bacite sjemenke u zdjelu mužara ili mlinca za začine. Sa prstohvatom soli sitno sameljite.
b) Promiješajte sok limete, kokos i češnjak u blenderu ili procesoru hrane 2 minute dok ne prestanu veliki komadi. Dodajte prženi kumin, cilantro, listiće mente, jalapeño, šećer i obilan prstohvat soli i nastavite miksati još 2 do 3 minute, sve dok ne ostanu komadići ili cijeli listovi. Kušajte i prilagodite sol i kiselinu. Dodajte vode ako je potrebno da se razrijedi do konzistencije koja se može sipati. Pokrijte i ohladite do posluživanja.
c) Pokrijte i ostavite ostatke u hladnjaku do 3 dana.

54. Salmoriglio sicilijanski umak od origana

SASTOJCI:
- 1/4 šalice vrlo sitno nasjeckanog peršina
- 2 žlice vrlo sitno nasjeckanog svježeg origana ili mažurana ili 1 žlica sušenog origana
- 1 češanj češnjaka, sitno naribanog ili istucanog s prstohvatom soli
- 1/4 šalice ekstra djevičanskog maslinovog ulja
- 2 žlice soka od limuna
- Sol

UPUTE:
a) Pomiješajte peršin, origano, češnjak i maslinovo ulje u maloj posudi s velikim prstohvatom soli. Neposredno prije posluživanja dodajte sok od limuna.
b) Promiješajte, kušajte i prilagodite sol i kiselinu. Poslužite odmah.
c) Ostavite u hladnjaku, poklopljeno, do 3 dana.

55. Biljni jogurt

SASTOJCI:
- 1 1/2 šalice običnog jogurta
- 1 češanj češnjaka, sitno naribanog ili istucanog s prstohvatom soli
- 2 žlice sitno nasjeckanog peršina
- 2 žlice sitno nasjeckanih listova cilantra i nježnih stabljika
- 8 listova mente, sitno nasjeckanih
- 2 žlice ekstra djevičanskog maslinovog ulja
- Sol

UPUTE:
a) U srednjoj zdjeli pomiješajte jogurt, češnjak, peršin, cilantro, listove mente i maslinovo ulje s velikim prstohvatom soli.
b) Promiješajte, kušajte i po potrebi začinite solju. Pokrijte i ohladite do posluživanja.
c) Pokrijte i ostavite ostatke u hladnjaku do 3 dana.

56. Jogurt od perzijskih biljaka i krastavaca

SASTOJCI:
- 1/4 šalice crnih ili zlatnih grožđica
- 1 1/2 šalice običnog jogurta
- 1 perzijski krastavac, oguljen i sitno narezan
- 1/4 šalice bilo koje kombinacije sitno nasjeckanih listova svježe mente, kopra, peršina i cilantra
- 1 češanj češnjaka, sitno naribanog ili istucanog s prstohvatom soli
- 1/4 šalice prženih oraha, grubo nasjeckanih
- 2 žlice ekstra djevičanskog maslinovog ulja
- Velikodušan prstohvat soli
- Po želji: suhe latice ruže za ukras

UPUTE:
a) U manjoj zdjeli potopite grožđice u kipuću vodu. Ostavite ih 15 minuta da se rehidriraju i napune. Ocijedite i stavite u zdjelu srednje veličine.
b) Dodajte jogurt, krastavac, začinsko bilje, češnjak, orahe, maslinovo ulje i sol. Promiješajte da se sjedini, kušajte i po potrebi dodajte soli.
c) Ohladite do posluživanja. Po želji prije posluživanja ukrasite izmrvljenim laticama ruže.
d) Pokrijte i ostavite ostatke u hladnjaku do 3 dana.

57. Borani Esfenaj perzijski jogurt od špinata

SASTOJCI:
- 4 žlice ekstra djevičanskog maslinovog ulja
- 2 vezice špinata, orezane i oprane, ili 1 1/2 funte mladog špinata, opranog
- 1/4 šalice sitno nasjeckanih listova cilantra i nježnih stabljika
- 1 do 2 češnja češnjaka, sitno naribana ili istucana s prstohvatom soli
- 1 1/2 šalice običnog jogurta
- Sol
- 1/2 žličice soka od limuna

UPUTE:
a) Zagrijte veliku tavu na jakoj vatri, dodajte 2 žlice maslinovog ulja, pa kad zablješti, dodajte špinat i pirjajte dok ne uvene, oko 2 minute. Ovisno o veličini tave, možda ćete to morati napraviti u dvije serije. Kuhani špinat odmah izvadite iz posude i stavite u jednom sloju na pleh obložen papirom za pečenje. To sprječava da se špinat prekuha i promijeni boju.
b) Kad se špinat dovoljno ohladi da možete rukovati, rukama istisnite svu vodu, pa ga sitno nasjeckajte.
c) U srednjoj zdjeli pomiješajte špinat, cilantro, češnjak, jogurt i preostale 2 žlice maslinovog ulja. Začinite solju i limunovim sokom. Promiješajte, kušajte i prema potrebi prilagodite sol i kiselinu. Ohladite do posluživanja.
d) Pokrijte i ostavite ostatke u hladnjaku do 3 dana.

58. Mast-o-Laboo perzijski jogurt od repe

SASTOJCI:
- 3 do 4 srednje crvene ili zlatne cikle, orezane
- 1 1/2 šalice običnog jogurta
- 2 žlice sitno nasjeckane svježe metvice
- Po želji: 1 žličica sitno nasjeckanog svježeg estragona
- 2 žlice ekstra djevičanskog maslinovog ulja
- Sol
- 1 do 2 žličice crvenog vinskog octa
- Po želji: sjemenke crnog kima (nigella) za ukras

UPUTE:
a) Ciklu ispecite i ogulite. Ostaviti da se ohladi.
b) Cveklu krupno naribajte i umiješajte u jogurt. Dodajte metvicu, estragon, ako koristite, maslinovo ulje, sol i 1 žličicu crvenog vinskog octa. Promiješajte i kušajte. Po potrebi prilagodite sol i kiselinu. Ohladite do posluživanja. Po želji prije posluživanja ukrasite sjemenkama nigelle.
c) Pokrijte i ostavite ostatke u hladnjaku do 3 dana.

59. Osnovna majoneza

SASTOJCI:
- 1 žumanjak sobne temperature
- 3/4 šalice ulja

UPUTE:

a) Stavite žumanjak u duboku, srednju metalnu ili keramičku posudu. Navlažite kuhinjsku krpu i smotajte je u dugačku cjepanicu, a zatim je oblikujte u prsten na pultu. Stavite zdjelu unutar prstena—to će držati zdjelu na mjestu dok mutite. (A ako ručno mućenje jednostavno ne dolazi u obzir, slobodno upotrijebite blender, samostojeći mikser ili procesor hrane.)

b) Kutlačom ili bocom s nastavkom ukapavajte kap po kap ulja i pritom mutite ulje u žumanjak. Ići. Stvarno. Polako. I nemoj prestati mutiti. Nakon što ste dodali otprilike polovicu ulja, možete početi dodavati još malo ulja odjednom. Ako se majoneza toliko zgusne da ju je nemoguće umutiti, dodajte žličicu vode ili nešto više od kiseline koju namjeravate dodati kasnije da se razrijedi.

c) Pokrijte i ostavite ostatke u hladnjaku do 3 dana.

60. Klasični sendvič Mayo

SASTOJCI:
- 1 1/2 žličice jabučnog octa
- 1 žličica soka od limuna
- 3/4 žličice žute gorušice u prahu
- 1/2 žličice šećera
- Sol
- 3/4 šalice krute osnovne majoneze

UPUTE:
a) U maloj posudi pomiješajte ocat i limunov sok i promiješajte da se otope senf u prahu, šećer i veliki prstohvat soli. Smjesu umiješajte u majonezu.
b) Kušajte i prema potrebi prilagodite sol i kiselinu. Pokrijte i ohladite do posluživanja.
c) Pokrijte i ostavite ostatke u hladnjaku do 3 dana.

61. Aïoli majoneza s češnjakom

SASTOJCI:
- Sol
- 4 žličice soka od limuna
- 3/4 šalice krute osnovne majoneze
- 1 češanj češnjaka, sitno naribanog ili istucanog s prstohvatom soli

UPUTE:
a) Rastopite obilan prstohvat soli u soku od limuna. Umiješajte u majonezu i dodajte češnjak.
b) Kušajte i prema potrebi prilagodite sol i kiselinu. Pokrijte i ohladite do posluživanja.
c) Pokrijte i ostavite ostatke u hladnjaku do 3 dana.

62. Biljna majoneza

SASTOJCI:
- Sol
- 3/4 šalice krute osnovne majoneze
- 1 žlica soka od limuna
- 4 žlice bilo koje kombinacije vrlo sitno nasjeckanog peršina, vlasca, češnjevka, bosiljka i estragona
- 1 češanj češnjaka, sitno naribanog ili istucanog s prstohvatom soli

UPUTE:
a) Rastopite obilan prstohvat soli u soku od limuna. Umiješajte u majonezu i dodajte začinsko bilje i češnjak. Kušajte i prema potrebi prilagodite sol i kiselinu. Pokrijte i ohladite do posluživanja.
b) Pokrijte i ostavite ostatke u hladnjaku do 3 dana.

63. Rouille majoneza s paprom

SASTOJCI:
- Sol
- 3 do 4 žličice crvenog vinskog octa
- 3/4 šalice krute osnovne majoneze
- 1/3 šalice temeljne paste od papra
- 1 češanj češnjaka, sitno naribanog ili istucanog s prstohvatom soli

UPUTE:
a) Otopite obilan prstohvat soli u octu.
b) Umiješajte u majonezu, zajedno s pastom od paprike i češnjakom.
c) Čini se da će pasta od papra i ocat isprva razrijediti majonezu, ali umak će se zgusnuti nakon nekoliko sati hlađenja.
d) Pokrijte i ohladite do posluživanja.

64. Tartar umak

SASTOJCI:
- 2 žličice sitno narezane ljutike
- 1 žlica soka od limuna
- 1/2 šalice krute osnovne majoneze
- 3 žlice nasjeckanih kornišona
- 1 žlica slanih kapara, namočenih, ispranih i nasjeckanih
- 2 žličice sitno nasjeckanog peršina
- 2 žličice sitno nasjeckanog češnjevka
- 1 žličica sitno nasjeckanog vlasca
- 1 žličica sitno nasjeckanog estragona
- 1 desetominutno jaje, grubo nasjeckano ili naribano
- 1/2 žličice bijelog vinskog octa
- Sol

UPUTE:
a) U maloj posudi pustite ljutiku da odstoji u limunovom soku najmanje 15 minuta da se macerira.
b) U srednjoj zdjeli pomiješajte majonezu, cornichons, kapare, peršin, vlasac, estragon, jaje i ocat. Posolite. Dodajte ljutiku narezanu na kockice, ali ne i limunov sok. Promiješajte da se sjedini, a zatim kušajte. Po potrebi dodajte limunov sok, zatim kušajte i prilagodite sol i kiselinu. Pokrijte i ohladite do posluživanja.
c) Pokrijte i ostavite ostatke u hladnjaku do 3 dana.
d) Poslužite uz ribu ili škampe pečene u pivu, Fritto Misto.
e) Umak od papra
f) Umaci od papra izvrsni su začini, umaci i namazi za sendviče. Mnoge, ali ne sve, kuhinje svijeta imaju začine koji počinju s bazom od paste od papra. I nisu uvijek nepodnošljivo ljute. Umiješajte pastu od papra u lonce s grahom, rižu, juhu ili varivo kako biste poboljšali okus. Utrljajte ga na meso prije pečenja ili roštilja ili dodajte malo u pirjanje.
g) Dodajte malo paste od papra u majonezu i dobili ste French Rouille, koji je savršen za sendvič napravljen s tunom Confit. Poslužite Harissu, sjevernoafrički umak od papra, uz Kufte ćevape, ribu, meso ili povrće na žaru i poširana jaja. Gusti Romesco, katalonski umak od papra i oraha, odličan je umak za povrće i krekere.
h) Razrijedite ga s malo vode za idealan začin za pečeno ili grilano povrće, ribu i meso. Poslužite Muhammaru, libanonski namaz od oraha i papra s narom, uz tople somune i sirovo povrće.

65. Osnovna pasta od papra

SASTOJCI:
- 3 unce (oko 10 do 15 komada) suhih čilija, kao što su Guajillo, New Mexico, Anaheim ili ancho
- 4 šalice kipuće vode
- 3/4 šalice ekstra djevičanskog maslinovog ulja
- Sol

UPUTE:
a) Ako imate vrlo osjetljivu kožu, stavite gumene rukavice kako biste zaštitili prste. Papričice očistite od peteljki i sjemenki tako da uklonite peteljku, a zatim otvorite svaku papriku po dužini. Otresite sjemenke i bacite. Operite paprike, zatim ih prelijte kipućom vodom u zdjeli otpornoj na toplinu i stavite tanjur na paprike da ih potopite. Ostavite 30 do 60 minuta da se rehidriraju, a zatim ih ocijedite, ostavljajući 1/4 šalice vode.

b) Stavite paprike, ulje i sol u blender ili procesor hrane i miksajte najmanje 3 minute, dok smjesa ne bude potpuno glatka. Ako je smjesa pregusta da bi je blender mogao obraditi, dodajte tek toliko vode da se razrijedi pasta. Kušajte i prilagodite začine po potrebi. Ako vaša pasta još uvijek nije potpuno glatka nakon 5 minuta miješanja, procijedite je kroz sitno sito s gumenom lopaticom kako biste uklonili preostale ljuske papra.

c) Prelijte uljem, dobro zamotajte i ostavite u hladnjaku do 10 dana. Zamrznite do 3 mjeseca.

66. Sjevernoafrički umak od papra Harissa

SASTOJCI:
- 1 žličica sjemenki kumina
- 1/2 žličice sjemenki korijandera
- 1/2 žličice sjemenki kima
- 1 šalica osnovne paste od papra
- 1/4 šalice sušenih rajčica, grubo nasjeckanih
- 1 češanj češnjaka
- Sol

UPUTE:
a) Stavite kumin, korijander i sjemenke kima u malu, suhu tavu i stavite na srednje jaku vatru. Stalno vrtite tavu kako biste osigurali ravnomjerno pečenje. Tostirajte dok prvih nekoliko sjemenki ne počne pucati i ispuštati pikantnu aromu, oko 3 minute. Maknite s vatre. Odmah bacite sjemenke u zdjelu mužara ili mlinca za začine. Sa prstohvatom soli sitno sameljite.
b) Pomiješajte pastu od paprike, rajčice i češnjak zajedno u procesoru hrane ili blenderu dok ne postane glatko. Dodajte prepečeni kumin, korijander i kim. Posolite. Kušajte i prilagodite po potrebi.
c) Pokrijte i ostavite ostatke u hladnjaku do 5 dana.

67. Muhammara namaz od paprike i oraha

SASTOJCI:
- 1 žličica kumina
- 1 1/2 šalice oraha
- 1 šalica osnovne paste od papra
- 1 češanj češnjaka
- 1 šalica prženih mrvica za posipanje
- 2 žlice plus 1 žličica melase od nara
- 2 žlice plus 1 žličica soka od limuna
- Sol

UPUTE:
a) Zagrijte pećnicu na 350°F.
b) Stavite sjemenke kumina u malu, suhu tavu i stavite na srednje jaku vatru. Stalno vrtite tavu kako biste osigurali ravnomjerno pečenje. Tostirajte dok prvih nekoliko sjemenki ne počne pucati i ispuštati pikantnu aromu, oko 3 minute. Maknite s vatre. Odmah bacite sjemenke u zdjelu mužara ili mlinca za začine. Sa prstohvatom soli sitno sameljite.
c) Rasporedite orahe u jednom sloju po limu za pečenje i stavite u pećnicu. Postavite tajmer na 4 minute i provjerite orašaste plodove kad se ugasi, miješajući ih kako biste osigurali ravnomjernu smeđu boju. Nastavite tostirati još 2 do 4 minute, dok lagano ne porumene izvana i dok se ne zagrizu. Izvadite iz pećnice i lima za pečenje i ostavite da se ohladi.
d) Stavite pastu od papra, ohlađene orahe i češnjak u multipraktik i miksajte dok ne postane glatko.
e) Dodajte melasu od nara, sok od limuna i kumin te miješajte dok se ne sjedini. Kušajte i prilagodite sol i kiselinu.
f) Pokrijte i ostavite ostatke u hladnjaku do 5 dana.

68.Pesto od bosiljka

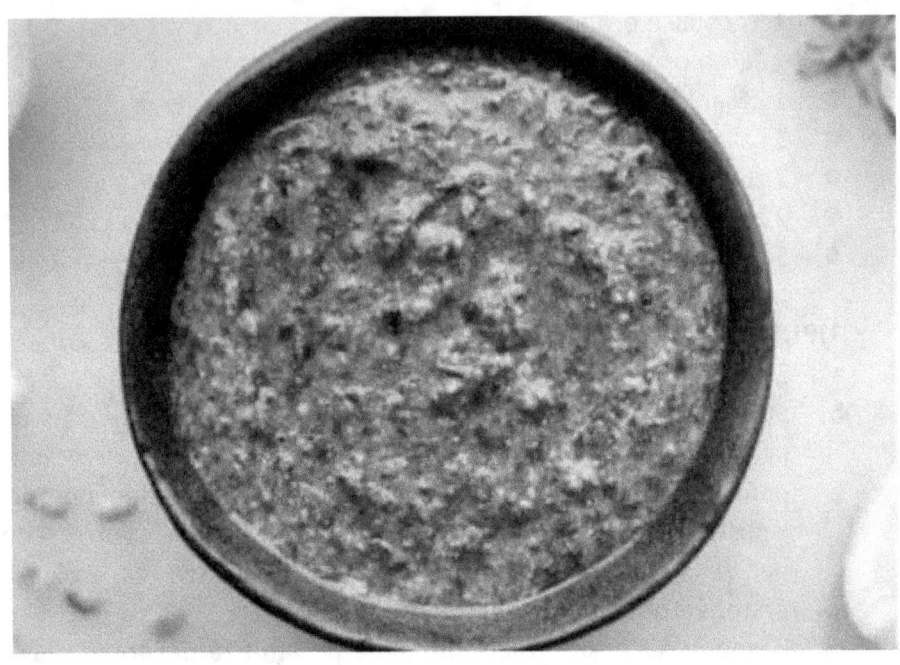

SASTOJCI:
- 3/4 šalice ekstra djevičanskog maslinovog ulja
- 2 pakirane šalice (otprilike 2 velike vezice) svježih listova bosiljka
- 1 do 2 češnja češnjaka, sitno naribana ili istucana s prstohvatom soli
- 1/2 šalice pinjola, lagano tostiranih i tučenih
- 3 1/2 unce parmezana, sitno naribanog, plus još za posluživanje (oko 1 puna šalica)
- Sol

UPUTE:
a) Ključ kod miješanja bosiljka u stroju je izbjegavanje pretjerivanja, jer će toplina koju motor stvara, zajedno s oksidacijom do koje može doći zbog prekomjernog usitnjavanja, uzrokovati da bosiljak posmeđi.
b) Dakle, dajte si prednost i prvo prođite nožem kroz bosiljak.
c) Također ulijte polovicu maslinovog ulja na dno blendera ili zdjele procesora, kako biste potaknuli bosiljak da se što brže raspadne u tekućinu. Zatim pulsirajte, prestajući gurati listove gumenom lopaticom nekoliko puta u minuti, sve dok ulje bosiljka ne postane mirisni, smaragdnozeleni vrtlog.
d) Kako biste spriječili pretjerano miješanje bosiljka, dovršite pesto u zdjeli. Ulijte ulje bosiljka u srednju zdjelu i dodajte malo češnjaka, pinjola i parmezana. Promiješajte da se sjedini, a zatim kušajte. Treba li još češnjaka? Još soli? Još sira? Je li pregusto? Ako je tako, dodajte još malo ulja ili planirajte dodati malo vode za tjesteninu. Promiješajte i ponovno kušajte, imajući na umu da će se okusi spojiti kako pesto malo odstoji, češnjak će postati izraženiji, a sol se otopiti.
e) Pustite da odstoji nekoliko minuta, a zatim ponovno kušajte i prilagodite. Dodajte dovoljno maslinovog ulja da prekrije umak kako biste spriječili oksidaciju.
f) Ostavite u hladnjaku, poklopljeno, do 3 dana ili zamrznite do 3 mjeseca.

69. Chutney od kandiranog voća

SASTOJCI:
- 2 šalice miješanog kandiranog voća, nasjeckanog
- 1 šalica suhih marelica, nasjeckanih
- 1/2 šalice grožđica
- 1 šalica smeđeg šećera
- 1 šalica jabučnog octa
- 1 žličica mljevenog đumbira
- 1/2 žličice mljevenog cimeta
- Prstohvat kajenskog papra (po želji)

UPUTE:
a) U loncu pomiješajte sve sastojke i zakuhajte.
b) Smanjite vatru i kuhajte 30-40 minuta ili dok se chutney ne zgusne.
c) Ostavite da se ohladi prije posluživanja.
d) Ovaj chutney dobro se slaže s pečenim mesom, sirom ili kao namaz na sendviče.

70. Slatko-kiseli ajvar od papaje

SASTOJCI:
- 1 papaja (svježa; zrela ili u teglicama)
- 1 mali crveni luk; Vrlo tanko nasjeckan
- 1 umjerena rajčica (do 2); bez sjemenki, narezana na male kockice
- ½ šalice segmentiranog mladog luka
- 1 manji ananas; narezan na kockice
- 1 žlica meda
- Sol; po ukusu
- Svježe mljeveni crni papar; po ukusu
- ½ Svježi jalapeno; fino narezan na kockice

UPUTE:
Izmiksati u mikseru

71. Chutney od dunje začinjen kardamomom

SASTOJCI:
- 2 dunje, oguljene, očišćene od koštice i narezane na kockice
- 1 glavica luka sitno nasjeckana
- 1/2 šalice smeđeg šećera
- 1/4 šalice jabučnog octa
- 1 žličica mljevenog kardamoma
- 1/2 žličice mljevenog cimeta
- 1/4 žličice mljevenog klinčića
- Prstohvat soli

UPUTE:
a) U loncu pomiješajte dunje narezane na kockice, nasjeckani luk, smeđi šećer, jabučni ocat, mljeveni kardamom, mljeveni cimet, mljevene klinčiće i prstohvat soli.
b) Pustite smjesu da zavrije, zatim smanjite vatru i kuhajte oko 30-40 minuta ili dok dunje ne omekšaju, a chutney se zgusne.
c) Slatkoću i začine prilagodite ukusu.
d) Prije posluživanja ostavite chutney od dunja da se ohladi. Dobro se slaže sa sirom, pečenim mesom ili kao začin za sendviče.

OBLOGE

72.Vinaigrette od crvenog vina

SASTOJCI:
- 1 žlica sitno narezane ljutike
- 2 žlice crvenog vinskog octa
- 6 žlica ekstra djevičanskog maslinovog ulja
- Sol
- Svježe mljeveni crni papar

UPUTE:

a) U maloj posudi ili staklenci ostavite ljutiku da odstoji u octu 15 minuta da se macerira, a zatim dodajte maslinovo ulje, obilno prstohvat soli i mali prstohvat papra. Promiješajte ili protresite da se sjedini, zatim kušajte s listom zelene salate i prilagodite sol i kiselinu po potrebi. Pokrijte i ostavite ostatke u hladnjaku do 3 dana.

b) Idealno za vrtnu salatu, rikulu, cikoriju, belgijsku endiviju, zelenu salatu Little Gem i romaine, ciklu, rajčice, blanširano, grilano ili pečeno povrće bilo koje vrste, te za Bright Salat od kupusa, Fattoush, salatu od žitarica ili graha, grčku salatu, proljeće Panzanella.

73. Balsamico Vinaigrette

SASTOJCI:
- 1 žlica sitno narezane ljutike
- 1 žlica odležanog balzamičnog octa
- 1 žlica crvenog vinskog octa
- 4 žlice ekstra djevičanskog maslinovog ulja
- Sol
- Svježe mljeveni crni papar

UPUTE:
a) U maloj zdjeli ili staklenci ostavite ljutiku da odstoji u octu 15 minuta da se macerira, zatim dodajte maslinovo ulje, obilno prstohvat soli i prstohvat papra. Promiješajte ili protresite da se sjedini, zatim kušajte s listom zelene salate i prilagodite sol i kiselinu po potrebi. Pokrijte i ostavite ostatke u hladnjaku do 3 dana.
b) Idealno za rikulu, vrtnu salatu, belgijsku endiviju, cikoriju, zelenu salatu romaine i Little Gem, blanširano, grilano ili pečeno povrće bilo koje vrste, te za salatu od žitarica ili graha, zimsku panzanellu.

74. Vinaigrette od limuna

SASTOJCI:
- 1/2 žličice sitno naribane korice limuna (oko 1/2 limuna)
- 2 žlice svježe iscijeđenog soka od limuna
- 1 1/2 žličice bijelog vinskog octa
- 5 žlica ekstra djevičanskog maslinovog ulja
- 1 češanj češnjaka
- Sol
- Svježe mljeveni crni papar

UPUTE:
a) Ulijte limunovu koricu, sok, ocat i maslinovo ulje u malu zdjelicu ili staklenku. Zdrobite češanj češnjaka o pult dlanom i dodajte u vinaigrette. Obilno začinite prstohvatom soli i prstohvatom papra. Promiješajte ili protresite da se sjedini, zatim kušajte s listom zelene salate i prilagodite sol i kiselinu po potrebi. Pustite da odstoji najmanje 10 minuta i uklonite režanj češnjaka prije upotrebe.
b) Pokrijte i ostavite ostatke u hladnjaku do 2 dana.
c) Idealno za salatu od začinskog bilja, rikulu, vrtnu salatu, zelenu salatu Romaine i Little Gem, krastavce, kuhano povrće te za salatu od avokada, salatu od koromača i rotkvice, sporo pečeni losos.

75. Vinaigrette od limete

SASTOJCI:
- 2 žlice svježe iscijeđenog soka od limete (od otprilike 2 male limete)
- 5 žlica ekstra djevičanskog maslinovog ulja
- 1 češanj češnjaka
- Sol

UPUTE:
a) Ulijte sok limete i maslinovo ulje u malu zdjelicu ili staklenku. Zgnječite režanj češnjaka i dodajte u vinaigrette, zajedno s obilnim prstohvatom soli. Promiješajte ili protresite da se sjedini, zatim kušajte s listom zelene salate i prilagodite sol i kiselinu po potrebi. Pustite da odstoji najmanje 10 minuta i uklonite češnjak prije upotrebe.
b) Pokrijte i ostavite ostatke u hladnjaku do 3 dana.
c) Idealno za vrtnu salatu, zelenu salatu Little Gem i romaine, narezane krastavce, te za salatu od avokada, salatu od mrkve, salatu od shirazija, sporo pečeni losos.

76. Vinaigrette od rajčice

SASTOJCI:
- 2 žlice ljutike narezane na kockice
- 2 žlice crvenog vinskog octa
- 1 žlica odležanog balzamičnog octa
- 1 velika ili dvije male vrlo zrele rajčice (oko 8 unci)
- 4 lista bosiljka, natrgana na velike komade
- 1/4 šalice ekstra djevičanskog maslinovog ulja
- 1 češanj češnjaka
- Sol

UPUTE:
a) U maloj posudi ili staklenci ostavite ljutiku da odstoji u octu 15 minuta da se macerira.
b) Prepolovite rajčicu poprečno. Naribajte na najveću rupicu ribeža i bacite kožu. Trebalo bi vam ostati 1/2 šalice naribane rajčice. Dodajte ga ljutiku. Dodajte listove bosiljka, maslinovo ulje i obilno prstohvat soli. Češnjak izgnječite dlanom o pult i dodajte preljevu. Protresite ili promiješajte da se sjedini. Kušajte s krutonom ili kriškom rajčice i prema potrebi prilagodite sol i kiselinu. Pustite da odstoji najmanje 10 minuta i uklonite češnjak prije upotrebe.
c) Pokrijte i ostavite ostatke u hladnjaku do 2 dana.
d) Idealno za narezane rajčice, salatu od avokada, Caprese salatu, ljetnu panzanellu, tostove sa salatom od ricotte i rajčice, ljetnu salatu od rajčice i začinskog bilja.

77.Vinaigrette od rižinog vina

SASTOJCI:
- 2 žlice začinjenog rižinog vinskog octa
- 4 žlice ulja neutralnog okusa
- 1 češanj češnjaka
- Sol

UPUTE:
a) Ulijte ocat i maslinovo ulje u malu zdjelicu ili staklenku. Zdrobite češanj češnjaka dlanom o pult i dodajte preljevu.
b) Promiješajte ili protresite da se sjedini, zatim kušajte s listom zelene salate i prilagodite sol i kiselinu po potrebi. Ostavite da odstoji najmanje 10 minuta, zatim uklonite češnjak prije upotrebe preljeva.
c) Pokrijte i ostavite ostatke u hladnjaku do 3 dana.
d) Idealno za vrtnu salatu, zelenu salatu Romaine i Little Gem, naribanu daikon rotkvicu, mrkvu ili krastavce te za bilo koju salatu od avokada.

78. Cezar preljev

SASTOJCI:

- 4 soljena inćuna (ili 8 fileta), namočena i filetana
- 3/4 šalice krute osnovne majoneze
- 1 češanj češnjaka, sitno naribanog ili istucanog s prstohvatom soli
- 3 do 4 žlice soka od limuna
- 1 žličica bijelog vinskog octa
- Komad parmezana od 3 unce, sitno naribanog (oko 1 šalice), plus još za posluživanje
- 3/4 žličice Worcestershire umaka
- Svježe mljeveni crni papar
- Sol

UPUTE:

a) Inćune grubo nasjeckajte, a zatim ih u mužaru istucite u finu pastu. Što ih više razbijate, dresing će biti bolji.

b) U srednjoj posudi pomiješajte inćune, majonezu, češnjak, limunov sok, ocat, parmezan, Worcestershire umak i papar. Kušajte s listom zelene salate, zatim posolite i po potrebi prilagodite kiselinu. Ili, vježbajući ono što ste naučili o slojevitoj soli, dodajte malo svakog slanog sastojka u majonezu, malo po malo. Prilagodite kiselinu, zatim kušajte i prilagodite slane sastojke dok ne postignete idealnu ravnotežu soli, masti i kiseline. Je li primjena lekcije koju ste pročitali u knjizi u praksi ikada bila ovako ukusna? Sumnjam.

c) Da biste napravili salatu, rukama pomiješajte zelje i natrgane krutone s obilnom količinom preljeva u velikoj zdjeli da se ravnomjerno prekrije. Ukrasite parmezanom i svježe mljevenim crnim paprom i odmah poslužite.

d) Ostatke preljeva pokrijte u hladnjaku do 3 dana.

e) Idealno za zelenu salatu Romaine i Little Gem, radič, sirovi ili blanširani kelj, naribane prokulice, belgijsku endiviju.

79. Kremasti preljev od začinskog bilja

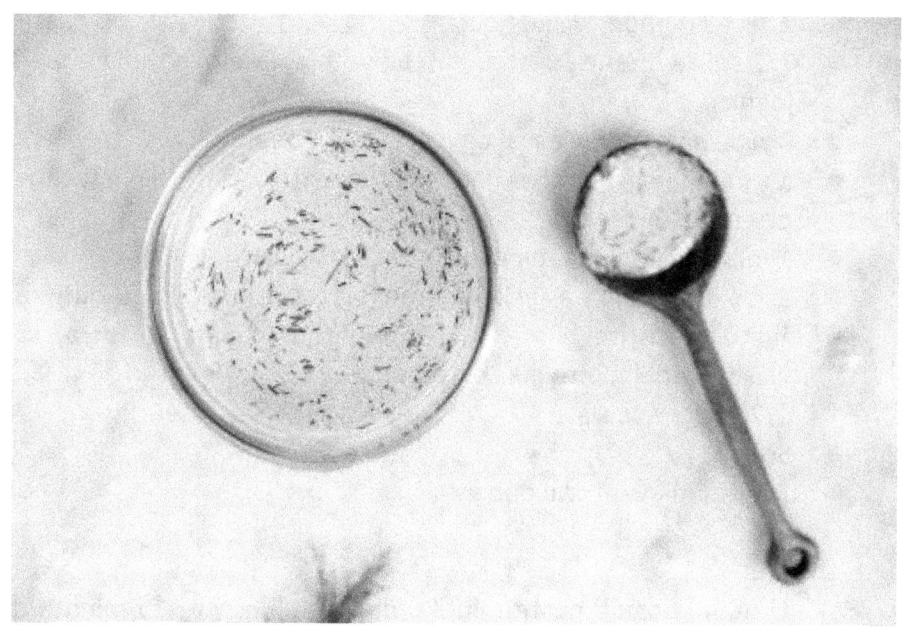

SASTOJCI:
- 1 žlica sitno narezane ljutike
- 2 žlice crvenog vinskog octa
- 1/2 šalice crème fraîche, gustog vrhnja, kiselog vrhnja ili običnog jogurta
- 3 žlice ekstra djevičanskog maslinovog ulja
- 1 manji češanj češnjaka, sitno naribanog ili istucanog s prstohvatom soli
- 1 mladi luk, bijeli i zeleni dio sitno nasjeckan
- 1/4 šalice sitno nasjeckanog mekog začinskog bilja, u omjeru koji želite. Koristite bilo koju kombinaciju peršina, cilantra, kopra, vlasca, červila, bosiljka i estragona
- 1/2 žličice šećera
- Sol
- Svježe mljeveni crni papar

UPUTE:
a) U maloj posudi pustite ljutiku da odstoji u octu 15 minuta da se macerira. U velikoj zdjeli pomiješajte ljutiku i ocat za maceriranje s crème fraîcheom, maslinovim uljem, češnjakom, mladim lukom, začinskim biljem, šećerom, obilnim prstohvatom soli i prstohvatom crnog papra. Kušajte s listom zelene salate, a zatim prema potrebi prilagodite sol i kiselinu.
b) Ohladite ostatke, pokrivene, do 3 dana.
c) Idealno za romaine, Iceberg kriške, zelenu salatu Little Gem, ciklu, krastavce, belgijsku endiviju, te za posluživanje uz ribu na žaru ili pečenu piletinu, dipping crudités, posluživanje uz prženu hranu.

80. Preljev od plavog sira

SASTOJCI:
- 5 unci kremastog plavog sira, kao što je Roquefort, Bleu d'Auvergne ili Maytag Blue, izmrvljen
- 1/2 šalice crème fraîche, kiselog vrhnja ili gustog vrhnja
- 1/4 šalice ekstra djevičanskog maslinovog ulja
- 1 žlica crvenog vinskog octa
- 1 manji češanj češnjaka, sitno naribanog ili istucanog s prstohvatom soli
- Sol

UPUTE:
a) U srednjoj zdjeli pjenjačom temeljito izmiješajte sir, crème fraîche, maslinovo ulje, ocat i češnjak. Alternativno, stavite sve u staklenku, zatvorite poklopac i snažno protresite da se sjedini. Kušajte s listom zelene salate, zatim posolite i po potrebi prilagodite kiselinu.
b) Ohladite ostatke, pokrivene, do 3 dana.
c) Idealno za belgijsku endiviju, cikorije, Iceberg wedges, Little Gem i romaine salatu. Ovaj preljev također izvrsno funkcionira kao umak za odrezak ili umak za mrkvu i krastavce.

81. Zelena Goddess zavoj

SASTOJCI:
- 3 usoljena inćuna (ili 6 fileta), namočena i filetana
- 1 zreli srednji avokado, prepolovljen i bez koštice
- 1 češanj češnjaka, narezan na ploške
- 4 žličice crvenog vinskog octa
- 2 žlice plus 2 žličice soka od limuna
- 2 žlice sitno nasjeckanog peršina
- 2 žlice sitno nasjeckanog cilantra
- 1 žlica sitno nasjeckanog vlasca
- 1 žlica sitno nasjeckanog češnjevka
- 1 žličica sitno nasjeckanog estragona
- 1/2 šalice krute osnovne majoneze
- Sol

UPUTE:
a) Inćune grubo nasjeckajte, a zatim ih u mužaru istucite u finu pastu. Što ih više razbijate, dresing će biti bolji.
b) Stavite inćune, avokado, češnjak, ocat, limunov sok, začinsko bilje i majonezu u blender ili procesor hrane s puno prstohvata soli i miksajte dok ne postane kremasto, gusto i glatko. Kušajte i prema potrebi prilagodite sol i kiselinu. Ostavite Zelena Goddess gust za upotrebu kao umak ili razrijedite vodom do željene gustoće za preljev za salatu.
c) Ohladite ostatke, pokrivene, do 3 dana.
d) Idealno za romaine, Iceberg kriške, zelenu salatu Little Gem, ciklu, krastavce, belgijsku endiviju, za posluživanje uz ribu na žaru ili pečenu piletinu, dipping crudités i za salatu od avokada.

82. Tahini preljev

SASTOJCI:
- 1/2 žličice sjemenki kumina ili 1/2 žličice mljevenog kima
- Sol
- 1/2 šalice tahinija
- 1/4 šalice svježe iscijeđenog soka od limuna
- 2 žlice ekstra djevičanskog maslinovog ulja
- 1 češanj češnjaka, sitno naribanog ili istucanog s prstohvatom soli
- 1/4 žličice mljevenog kajenskog papra
- 2 do 4 žlice ledene vode

UPUTE:
a) Stavite sjemenke kumina u malu, suhu tavu i stavite na srednje jaku vatru. Stalno vrtite tavu kako biste osigurali ravnomjerno pečenje. Tostirajte dok prvih nekoliko sjemenki ne počne pucati i ispuštati pikantnu aromu, oko 3 minute. Maknite s vatre. Odmah bacite sjemenke u zdjelu mužara ili mlinca za začine. Sa prstohvatom soli sitno sameljite.

b) Stavite kumin, tahini, limunov sok, ulje, češnjak, cayenne, 2 žlice ledene vode i veliki prstohvat soli u srednju zdjelu i promiješajte da se sjedine. Alternativno, sve zajedno izmiksajte u sjeckalici. Smjesa bi isprva mogla izgledati razlomljeno, ali vjerujte da će se uz miješanje spojiti u glatku, kremastu emulziju. Dodajte vodu po potrebi da razrijedite do željene konzistencije—ostavite gusto da se koristi kao umak, a razrijedite ga za začinjanje salata, povrća ili mesa. Kušajte s listom zelene salate, a zatim prema potrebi prilagodite sol i kiselinu.

c) Ohladite ostatke, pokrivene, do 3 dana.

83. Miso-senf preljev

SASTOJCI:
- 4 žlice bijele ili žute miso paste
- 2 žlice meda
- 2 žlice Dijon senfa
- 4 žlice rižinog vinskog octa
- 1 žličica sitno naribanog đumbira

UPUTE:
a) U zdjeli srednje veličine pjenjačom temeljito izmiješajte sve dok ne postane glatko. Alternativno, stavite sve sastojke u staklenku, zatvorite poklopac i snažno protresite da se sjedine. Kušajte s listom zelene salate, a zatim prilagodite kiselinu prema potrebi.
b) Idealno za prelijevanje s narezanim sirovim kupusom ili keljom, vrtnom salatom, salatom romaine i Little Gem, belgijskom endivijom te za prelijevanje ribe na žaru, ostataka pečene piletine ili pečenog povrća.

84.Preljev od kikirikija i limete

SASTOJCI:
- 1/4 šalice svježe iscijeđenog soka limete
- 1 žlica ribljeg umaka
- 1 žlica rižinog vinskog octa
- 1 žličica soja umaka
- 1 žlica sitno naribanog đumbira
- 1/4 šalice maslaca od kikirikija
- 1/2 jalapeño papričice, očišćene od peteljke i narezane na ploške
- 3 žlice ulja neutralnog okusa
- 1 češanj češnjaka, narezan na ploške
- Po želji: 1/4 šalice grubo nasjeckanog lišća cilantra

UPUTE:
a) Stavite sve sastojke u blender ili procesor hrane i miksajte dok ne postane glatko. Razrijedite vodom do željene gustoće—ostavite gusto da se koristi kao umak, a razrijedite ga za zalijevanje salata, povrća ili mesa. Kušajte s listom zelene salate, a zatim prema potrebi prilagodite sol i kiselinu.
b) Ohladite ostatke, pokrivene, do 3 dana.
c) Idealno za krastavce, rižine ili soba rezance, romaine i posluživanje uz grilanu ili pečenu piletinu, odrezak ili svinjetinu.

TIJESTO

85.Tijesto za pitu od maslaca

SASTOJCI:
- 2 1/4 šalice (12 unci) višenamjenskog brašna
- 1 velika žlica šećera
- Veliki prstohvat soli
- 16 žlica (8 unci) ohlađenog neslanog maslaca, izrezanog na kockice od 1/2 inča
- Otprilike 1/2 šalice ledene vode
- 1 žličica bijelog octa

UPUTE:

a) Stavite brašno, šećer i sol u zdjelu samostojećeg miksera s nastavkom s lopaticom, zatim zamrznite sve na 20 minuta (ako ne možete staviti zdjelu u zamrzivač, samo zamrznite sastojke). Zamrznite i maslac i ledenu vodu.

b) Stavite posudu na mikser i uključite ga na najmanju brzinu. Dodajte kockice maslaca, nekoliko komadića odjednom, i miješajte dok maslac ne izgleda kao komadići izlomljenog oraha. Izraziti komadići maslaca dovode do prekrasnih listića u tijestu, stoga izbjegavajte pretjerano miješanje.

c) Dodajte ocat u tankom mlazu. Dodajte taman dovoljno vode i miješajte što je moguće manje dok se tijesto jedva drži zajedno— vjerojatno će vam trebati gotovo cijele 1/2 šalice. Neki čupavi komadići su u redu. Ako niste sigurni treba li tijestu još vode, zaustavite mikser i uzmite šaku tijesta u dlan. Snažno ga stisnite, a zatim ga nježno pokušajte rastaviti. Ako se vrlo lako raspada i čini se vrlo suhim, dodajte još vode. Ako se drži zajedno ili se razbije u nekoliko komada, gotovi ste.

d) Na radnoj plohi izvucite dugačak komad plastične folije iz role, ali ga nemojte rezati. Brzim, neustrašivim pokretom preokrenite zdjelu na plastičnu foliju. Izvadite zdjelu i izbjegavajte dodirivanje tijesta. Izrežite plastiku s rolade i podižući oba kraja njome sakupite svo tijesto u kuglu. Ne brinite ako ima nekoliko suhih komadića - brašno će s vremenom ravnomjerno upiti vlagu. Čvrsto zavrnite plastiku oko tijesta kako biste formirali loptu. Oštrim nožem prerežite kuglicu na pola kroz plastiku, ponovno čvrsto omotajte svaku polovicu plastikom i pritisnite svaku polovicu u disk. Ohladite najmanje 2 sata ili preko noći.

e) Za zamrzavanje nezamotanog, pripremljenog tijesta do 2 mjeseca, dvaput ga zamotajte u plastiku, a zatim u aluminijsku foliju kako biste spriječili opekotine u zamrzivaču. Ostavite tijesto da se odledi u hladnjaku preko noći prije upotrebe.

86. Pipko tijesto

SASTOJCI:
- 1 2/3 šalice (8 1/2 unci) višenamjenskog brašna
- 2 žlice (1 unca) šećera
- 1/4 žličice praška za pecivo
- 1 žličica košer soli ili 1/2 žličice fine morske soli
- 8 žlica (4 unce) neslanog maslaca narezanog na kockice od 1/2 inča, ohlađenog
- 6 žlica (3 unce) crème fraîche ili gustog vrhnja, ohlađeno
- 2 do 4 žlice ledene vode

UPUTE:

a) U zdjeli samostojećeg miksera pjenasto izmiješajte brašno, šećer, prašak za pecivo i sol. Zamrznite, zajedno s maslacem i nastavkom za lopatice, na 20 minuta. Crème fraîche i vrhnje ohladite u hladnjaku.

b) Stavite posudu sa suhim sastojcima na samostalni mikser i postavite je s nastavkom s lopaticom. Smanjite brzinu i polako dodajte kockice maslaca. Nakon što dodate maslac, možete povećati brzinu na srednje nisku.

c) Umiješajte maslac dok ne postane poput komadića slomljenog oraha (nemojte pretjerano miješati – komadići maslaca su dobri!). To će trajati oko 1 do 2 minute u samostojećem mikseru, malo duže ručno.

d) Dodajte crème fraîche. U nekim slučajevima to će biti dovoljno da se tijesto poveže uz malo miješanja. U drugim slučajevima, možda ćete morati dodati žlicu ili dvije ledene vode. Oduprite se želji da dodate toliko vode ili miješajte toliko dugo da se tijesto potpuno sjedini. Neki čupavi komadići su u redu. Ako niste sigurni treba li tijestu još vode, zaustavite mikser i uzmite šaku tijesta u dlan. Snažno ga stisnite, a zatim ga nježno pokušajte rastaviti. Ako se vrlo lako raspada i čini se vrlo suhim, dodajte još vode. Ako se drži zajedno ili se razbije u nekoliko komada, gotovi ste.

e) Na radnoj plohi izvucite dugačak komad plastične folije iz role, ali ga nemojte rezati. Brzim, neustrašivim pokretom preokrenite zdjelu na plastičnu foliju. Izvadite zdjelu i izbjegavajte dodirivanje tijesta.

f) Izrežite plastiku s valjka i podižući oba kraja njome navucite svo tijesto u kuglu. Ne brinite ako ima suhih komadića - brašno će s vremenom ravnomjerno upiti vlagu. Samo čvrsto zavrnite plastiku oko tijesta, utisnite loptu u disk i ohladite najmanje 2 sata ili preko noći.

g) Za zamrzavanje tijesta do 2 mjeseca, dvaput ga zamotajte u plastiku, a zatim u aluminijsku foliju kako biste spriječili opekotine u zamrzivaču. Ostavite tijesto da se odledi u hladnjaku preko noći prije upotrebe.

SLATKIŠI I DESERI

87. Granola s maslinovim uljem i morskom soli

SASTOJCI:
- 3 šalice (10 1/2 unci) starinske valjane zobi
- 1 šalica (4 1/2 unce) oljuštenih sjemenki bundeve
- 1 šalica (5 unci) oljuštenih sjemenki suncokreta
- 1 šalica (2 1/4 unce) nezaslađenog čipsa od kokosa
- 1 1/2 šalice (5 1/4 unci) prepolovljenih oraha oraha
- 2/3 šalice čistog javorovog sirupa, po mogućnosti tamnog i čvrstog razreda A
- 1/2 šalice ekstra djevičanskog maslinovog ulja
- 1/3 šalice (2 3/4 unce) pakiranog smeđeg šećera
- Sel gris ili maldonska morska sol
- Po želji: 1 šalica (5 unci) suhih višanja ili suhih marelica narezanih na četvrtine

UPUTE:
a) Zagrijte pećnicu na 300°F. Obrubljeni pleh obložite papirom za pečenje. Staviti na stranu.
b) Stavite zob, sjemenke bundeve, sjemenke suncokreta, kokos, pekan orahe, javorov sirup, maslinovo ulje, smeđi šećer i 1 žličicu soli u veliku zdjelu i miješajte dok se dobro ne sjedine. Raširite smjesu granole u ravnomjernom sloju na pripremljeni lim za pečenje.
c) Gurnite u pećnicu i pecite, miješajući metalnom lopaticom svakih 10 do 15 minuta, dok granola ne postane tostirana i vrlo hrskava, otprilike 45 do 50 minuta.
d) Izvadite granolu iz pećnice i začinite s još soli po ukusu.
e) Pustite da se potpuno ohladi. Po želji umiješajte sušene višnje ili marelice.
f) Čuvati u hermetički zatvorenoj posudi do 1 mjeseca.
g) Četiri stvari koje možete učiniti s voćem
h) Većinu vremena, najbolja stvar za napraviti s voćem je pronaći savršeno zreo komad voća i uživati u njemu iz ruke. Obilne mrlje koje se slijevaju niz prednjicu praktički svake košulje koju posjedujem potvrđuju činjenicu da cijelo ljeto provodim ovaj pogled u praksi s bobičastim voćem, nektarinama, breskvama, šljivama, dinjama i bilo čime drugim što mi dođe pod ruku. Kao što kaže kuhinjski znanstvenik Harold McGee, "sva kuhana hrana teži stanju voća." Budući da ne mislim da možete učiniti mnogo da poboljšate voće, predlažem sljedeću najbolju stvar, a to je da mu učinite što je manje moguće. Osim kolača i pita, ovo su moje četiri metode za isticanje slave zrelog voća.
i) Upravo zato što su ovi recepti tako jednostavni, zahtijevaju da počnete s najukusnijim voćem koje možete dobiti. Koristite zrelo voće na vrhuncu sezone (ili, za Granitu, smrznuto voće, koje je zamrznuto na vrhuncu). Nećete požaliti dodatni trud.

88.Klasična pita od jabuka

SASTOJCI:
- 1 recept (2 diska) ohlađeno tijesto za pitu od punog maslaca
- 2 1/2 kilograma tart jabuka, kao što su Honeycrisp, Fuji ili Sierra Beauty (oko 5 velikih jabuka)
- 1/2 žličice mljevenog cimeta
- 1/4 žličice mljevene pimente
- 1/2 žličice košer soli ili 1/4 žličice fine morske soli
- 1/2 šalice plus 1 žlica (4 1/2 unce) tamno smeđeg šećera, pakirano
- 3 žlice višenamjenskog brašna, plus još za valjanje
- 1 žlica jabučnog octa
- 2 žlice gustog vrhnja
- Šećer u prahu ili demerara za posipanje

UPUTE:
a) Zagrijte pećnicu na 425°F i postavite rešetku u središnji položaj.
b) Razvaljajte jedan disk ohlađenog tijesta na dobro pobrašnjenoj dasci dok ne bude oko 1/8 inča debljine i 12 inča u promjeru. Namotajte ga na lagano pobrašnjen valjak i pokupite. Stavite tijesto preko kalupa za pite od 9 inča i razmotajte, lagano ga pritiskajući u kutove kalupa.
c) Odrežite sav višak tijesta škarama, ostavljajući prevjes od oko 1 inča, i zamrznite na 10 minuta. Spremite i ohladite i obrezane komadiće. Drugi disk tijesta razvaljajte na iste dimenzije, izrežite otvor za paru u sredini i ohladite u hladnjaku.
d) U međuvremenu jabuke ogulite, izvadite im jezgru i narežite ih na ploške od 3/4 inča. Stavite jabuke, cimet, piment, sol, šećer, brašno i ocat u veliku zdjelu i promiješajte da se sjedine. Stavite nadjev u pripremljeni kalup za pitu. Oklagijom, kao što ste učinili s prvim krugom tijesta, pokupite i nježno razmotajte drugi krug preko nadjeva za pitu. Škarama odrežite obje kore u isto vrijeme, ostavljajući prepust od 1/2 inča.
e) Ugurajte 1/4 inča oboruba ispod sebe tako da imate smotani cilindar koji sjedi na rubu tanjura za pitu. Jednom rukom raditi unutar ruba kore, a drugom s vanjske strane. Kažiprstom unutarnje ruke gurnite tijesto između palca i kažiprsta vanjske ruke, oblikujući V oblik. Nastavite po cijeloj kori, razmaknuvši Vs oko jedan inč.
f) Dok stežete, izvucite tijesto tik uz rub posude. Skupit će se dok se peče. Eventualne rupe zakrpajte ukrasima od tijesta.
g) Zamrznite cijelu pitu na 20 minuta. Nakon što ste je izvadili iz zamrzivača, stavite pitu na pleh obložen papirom za pečenje.
h) Gornju koru obilno premažite gustim vrhnjem, a zatim pospite šećerom. Pecite na središnjoj rešetki na 425°F 15 minuta, zatim smanjite temperaturu na 400°F i pecite još 15 do 20 minuta dok ne poprime laganu zlatnu boju.
i) Smanjite temperaturu na 350°F i pecite dok ne bude gotovo, još 45 minuta. Ostavite pitu da se ohladi na rešetki 2 sata prije rezanja.

89. Klasična pita od bundeve

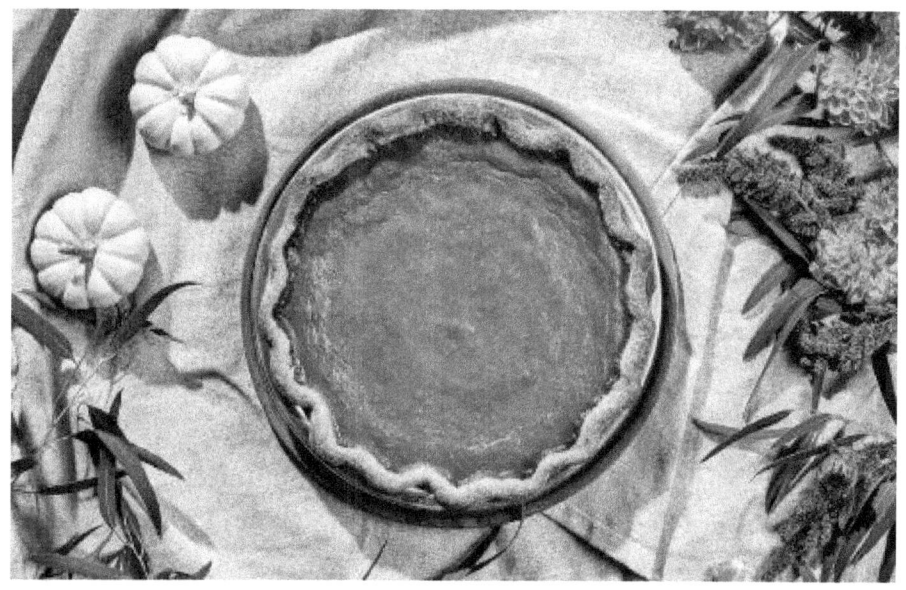

SASTOJCI:
- 1/2 recepta (1 disk) ohlađenog tijesta za pitu od punog maslaca
- Brašno za valjanje
- 2 velika jaja
- 1 1/2 šalice gustog vrhnja
- 15 unci (1 velika limenka) pirea od bundeve
- 3/4 šalice (5 1/4 unci) šećera
- 1 žličica košer soli ili 1/2 žličice fine morske soli
- 1 1/2 žličice mljevenog cimeta
- 1 žličica mljevenog đumbira
- 1/2 žličice mljevenog klinčića

UPUTE:

a) Zagrijte pećnicu na 425°F i postavite rešetku u središnji položaj.
b) Ohlađeno tijesto razvaljajte na dobro pobrašnjenoj dasci dok ne bude debljine oko 1/8 inča i promjera 12 inča. Namotajte ga na lagano pobrašnjen valjak i pokupite. Stavite tijesto preko kalupa za pite od 9 inča i razmotajte, lagano ga pritiskajući u kutove kalupa.
c) Odrežite sav višak tijesta škarama, ostavljajući prevjes od oko 3/4 inča. Sačuvajte obreske.
d) Zgužvajte tijesto tako da ga namotate ispod njega tako da dobijete smotani cilindar koji stoji na rubu tanjura za pitu. Jednom rukom raditi unutar ruba kore, a drugom s vanjske strane. Kažiprstom unutarnje ruke gurnite tijesto između palca i kažiprsta vanjske ruke, oblikujući V oblik.
e) Nastavite po cijeloj kori, razmaknuvši Vs oko jedan inč. Dok stežete, izvucite tijesto tik uz rub posude. Skupit će se dok se peče. Eventualne rupe zakrpajte ukrasima od tijesta. Izbodite tijesto po cijeloj površini vilicom, pa zamrznite na 15 minuta.
f) Razbijte jaja u zdjelu srednje veličine i razbijte ih pjenjačom. Dodajte vrhnje, pire od bundeve, šećer, sol i začine u zdjelu i dobro promiješajte da se sjedini. Ulijte smjesu kreme u smrznutu školjku.
g) Pecite na 425°F 15 minuta, a zatim smanjite temperaturu na 325°F i pecite dok se sredina jedva učvrsti, još oko 40 minuta. Ostavite da se ohladi na rešetki sat vremena prije rezanja.
h) Poslužite s ljutom tučenom kremom od vanilije, cimeta ili karamele.

90.Lagani i ljuskavi keksi od mlaćenice

SASTOJCI:
- 3 1/2 šalice (18 1/2 unci) višenamjenskog brašna
- 4 žličice praška za pecivo
- 1 žličica košer soli ili 1/2 žličice fine morske soli
- 16 žlica (8 unci) neslanog maslaca, izrezanog na kockice od 1/2 inča i ohlađenog
- 1 šalica mlaćenice, ohlađene
- 1 šalica gustog vrhnja, ohlađena, plus 1/4 šalice više za premazivanje biskvita

UPUTE:
a) Zagrijte pećnicu na 450°F. Dva lima za pečenje obložite papirom za pečenje.
b) Zamrznite kockice maslaca i mlaćenicu na 15 minuta.
c) Stavite brašno, prašak za pecivo i sol u zdjelu samostojećeg miksera opremljenog nastavkom s lopaticom i miješajte malom brzinom dok se ne sjedini, oko 30 sekundi.
d) Dodajte polovicu maslaca, nekoliko komadića odjednom, i nastavite miješati pri maloj brzini dok smjesa ne postane pješčana i dok se ne vide jasni komadići maslaca, oko 8 minuta.
e) Dodajte ostatak maslaca i nastavite miksati dok komadići maslaca ne budu veličine velikog graška, oko 4 minute.
f) Prebacite smjesu u veliku, široku zdjelu i vrlo kratko prstima spljoštite najveće komade maslaca: pospite malo brašna na ruke i priježite palcem od vrha malog prsta do vrha kažiprsta po vrhovima prstiju kao što to radite izrađujete "Cha-ching! Novac u gotovini!" pokret.
g) Napravite udubinu u sredini smjese. U udubinu ulijte mlaćenicu i 1 šalicu vrhnja. Miješajte gumenom lopaticom širokim, kružnim potezima dok se tijesto ne sjedini. Tijesto bi moglo izgledati dlakavo, što je u redu.
h) Lagano pobrašnite pult i okrenite tijesto iz zdjele. Nježno izvucite tijesto u pravokutnik debljine 3/4 inča, otprilike 9 inča x 13 inča. Presavijte tijesto na pola, zatim ga ponovno presavijte, zatim treći put, a zatim pomoću valjka za tijesto nježno ponovno razvaljate tijesto u pravokutnik debljine 3/4 inča, oko 9 inča x 13 inča. Ako

gornji dio tijesta još nije gladak, lagano ponovite ovo valjanje i savijanje još jednom ili dva puta dok ne bude glatko.

i) Lagano pobrašnite pult i razvaljajte tijesto na visinu od oko 1 1/4 inča. Izrežite ravno prema dolje s 2 1/2-inčnim rezačem za kekse, brišući i pobrašnivši rezač između svakog reza. To će osigurati da se keksi dižu ravno prema gore, umjesto da se naginju. Razvaljajte komadiće jednom i preostalo tijesto izrežite na kekse.

j) Stavite kekse oko 1/2 inča jedan od drugog na pripremljene limove za pečenje i vrhove obilato namažite kremom. Pecite na 450°F 8 minuta, zatim okrenite posude i promijenite im položaje pećnice. Nastavite peći još 8 do 10 minuta, dok keksi ne porumene i ne postanu lagani kada ih se podigne.

k) Premjestite kekse na rešetku i ohladite 5 minuta. Poslužite toplo.

l) Da biste zamrznuli kekse do 6 tjedana, zamrznite izrezane kekse u jednom sloju na limu za pečenje dok ne postanu čvrsti, zatim ih prebacite u plastičnu vrećicu za zamrzavanje i zamrznite. Za pečenje, nemojte odmrzavati. Premažite smrznute kekse kremom i pecite 10 minuta na 450°F i 10 do 12 minuta na 375°F.

91. Torta od jabuka i frangipana

SASTOJCI:
ZA FRANGIPANE
- 3/4 šalice (4 unce) badema, prženih
- 3 žlice šećera
- 2 žlice (1 unca) paste od badema
- 4 žlice (2 unce) neslanog maslaca na sobnoj temperaturi
- 1 veliko jaje
- 1 žličica košer soli ili 1/2 žličice fine morske soli
- 1/2 žličice ekstrakta vanilije
- 1/2 žličice ekstrakta badema

ZA TART
- 1 recept Tart tijesto, ohlađeno
- Brašno za valjanje
- 6 trpkih, hrskavih jabuka kao što su Honeycrisp, Sierra Beauty ili Pink Lady
- Teška krema
- Šećer za posipanje

UPUTE:

a) Da biste napravili frangipane, stavite bademe i šećer u procesor hrane i sameljite ih dok ne budu vrlo fini. Dodajte pastu od badema, maslac, jaje, sol, vaniliju i ekstrakt badema i miješajte dok ne dobijete glatku smjesu.

b) Okrenite lim za pečenje s obrubom naopako i na njega stavite komad papira za pečenje (lakše ćete oblikovati i savijati tart, a da vam rub tepsije ne smeta). Staviti na stranu.

c) Prije nego što odmotate tijesto, zarolajte disk po rubu na radnoj plohi da ga oblikujete u jednoličan krug. Razmotajte tijesto i pospite pult, valjak i tijesto brašnom da se ne lijepe. Radeći brzo, razvaljajte tijesto u krug od 14 inča, na debljinu od oko 1/8 inča.

d) Da biste lakše razvaljali tijesto u krug, okrećite tijesto za četvrtinu kruga pri svakom rolanju. Ako se tijesto ipak počne lijepiti, pažljivo ga podignite s pulta i po potrebi dodajte još brašna.

e) Razvaljajte tijesto na valjak i oprezno ga podignite s pulta. Pažljivo ga razmotajte na naopako okrenut lim za pečenje obložen papirom za pečenje. Stavite u hladnjak na 20 minuta.

f) U međuvremenu poradite na voću. Jabuke ogulite, izvadite im jezgru i narežite ih na kriške od 1/4 inča. Kušajte krišku. Ako su jabuke jako trpke, stavite ih u veliku zdjelu, pospite ih s 1 do 2 žlice šećera i pomiješajte.

g) Upotrijebite gumenu ili ofsetnu lopaticu da rasporedite 1/8 inča debeo sloj frangipanea po cijeloj površini ohlađenog tijesta, ostavljajući vanjska 2 inča nepokrivena.

h) Složite jabuke na frangipane, pazeći da ima dosta preklapanja. Kako se voće kuha, smanjit će se i ne želite da vam na tartu ostanu goli dijelovi. Da biste napravili dizajn riblje kosti, položite dva reda kriški jabuke pod kutom od 45 stupnjeva (provjerite da su sve usmjerene na isti način), a zatim obrnite kut sljedeća dva reda na 135 stupnjeva. Nastavite s uzorkom dok tijesto ne bude prekriveno voćem. Koristite dvije različite boje voća za posebno vizualno upečatljiv kolač; ovdje smo koristili sortu jabuka pod nazivom Ruby Red, naizmjence s jabukama Sierra Beauty. Pink Pearl jabuke, sa svojim mesom šećerne vune, također su zapanjujuće. Zelene i ljubičaste šljive, poširane dunje ili kruške poširane u crnom ili bijelom vinu također mogu ponuditi prekrasne boje s kojima možete raditi. (Ako koristite više od jedne boje, uzorak postaje boja A od 45 stupnjeva, boja B od 45 stupnjeva, boja B od 135 stupnjeva, boja A od 135 stupnjeva kako bi se dobile pruge.)

i) Da biste napravili naboranu koru, presavijte vanjsko tijesto prema gore i preko sebe u intervalima od 1 1/2 inča dok okrećete kolač. Svakim naborom čvrsto naborajte tijesto i gurnite ga prema vanjskom krugu voća. Za rustikalniji izgled jednostavno preklopite tijesto preko voća u pravilnim razmacima. Ostavite ga na papiru za pečenje, vratite tart na lim za pečenje, sada na gornju stranu, i ostavite u hladnjaku 20 minuta.

j) Zagrijte pećnicu na 425°F i postavite rešetku na srednji položaj pećnice. Neposredno prije pečenja, koru obilato premažite gustim vrhnjem i obilato pospite šećerom. Pospite malo šećera i po voću. (Slane torte namažite lagano umućenim jajetom i izostavite šećer. Kada radite s vrlo sočnim voćem, poput rabarbare ili marelica, pecite tortu 15 minuta prije nego voće pospete šećerom, što će potaknuti osmozu i uzrokovati plakanje. Dajte korici prednost kako bi se mogla suprotstaviti voću.)

k) Pecite na srednjoj prečki u pećnici na 425°F 20 minuta. Zatim smanjite toplinu na 400°F još 15 do 20 minuta. Zatim smanjite temperaturu na 350 do 375°F (ovisno o tome koliko je kora tamna) i kuhajte dok ne bude gotovo, otprilike još 20 minuta. Rotirajte tart dok se peče kako biste osigurali ravnomjernu smeđu boju. Ako kora prebrzo porumeni, labavo stavite komad papira za pečenje preko tarta i nastavite peći.

l) Tart će biti gotov kada voće bude mekano, korica duboke, zlatnosmeđe boje, a ispod kolača možete zabiti nož za guljenje i s lakoćom ga podići s tave. Donja strana bi također trebala biti zlatne nijanse.

m) Izvadite iz pećnice i ostavite da se ohladi na rešetki 45 minuta prije rezanja. Poslužite toplo ili ohlađeno, uz sladoled, mirisnu kremu ili crème fraîche.

n) Pokrijte i stavite u hladnjak na neiskorišteni frangipane do 1 tjedna. Nepojedenu tortu držite zamotanu na sobnoj temperaturi do 1 dana.

92. Ocijedite sok i napravite granitu

SASTOJCI:

GRANITA NARANČA
- 2 šalice soka od naranče
- 1/4 šalice (1 3/4 unce) šećera
- 6 žlica soka od limuna
- Prstohvat soli

GRANITA ZA KAVU
- 2 šalice jako kuhane kave
- 1/2 šalice (3 1/2 unce) šećera
- Prstohvat soli

UPUTE:

a) Ulijte bilo koju od gornjih smjesa—ili onu koju ste sami smislili—u nereaktivnu posudu ili zdjelu (tj. od nehrđajućeg čelika, stakla ili keramike).

b) Smjesa bi trebala biti barem centimetar duboko u posudi. Stavite u zamrzivač. Nakon otprilike sat vremena počnite s vremena na vrijeme miješati vilicom koliko vam vrijeme dopušta. Kada budete miješali, pobrinite se da su smrznutiji rubovi i gornji sloj stvarno dobro pomiješani s bljuzgavijim središtem. Što revnije miješate, to će gotova Granita biti finija i ujednačenije teksture (manje ledena).

c) Zamrznite Granitu dok se potpuno ne zamrzne, oko 8 sati. Promiješajte najmanje tri puta tijekom procesa zamrzavanja, a zatim temeljito ostružite Granitu neposredno prije posluživanja dok ne dobije teksturu izribanog leda.

d) Po želji poslužite sa sladoledom ili malo mirisnog vrhnja. Čuvajte poklopljeno u zamrzivaču do tjedan dana.

93. Čokoladna ponoćna torta

SASTOJCI:
- 1/2 šalice (2 unce) kakao praha nizozemskog procesa, po mogućnosti Valrhona
- 1 1/2 šalice (10 1/2 unci) šećera
- 2 žličice košer soli ili 1 žličica fine morske soli
- 1 3/4 šalice (9 1/4 unci) višenamjenskog brašna
- 1 žličica sode bikarbone
- 2 žličice ekstrakta vanilije
- 1/2 šalice ulja neutralnog okusa
- 1 1/2 šalice kipuće vode ili svježe skuhane jake kave
- 2 velika jaja na sobnoj temperaturi, lagano umućena
- 2 šalice kreme od vanilije

UPUTE:

a) Zagrijte pećnicu na 350°F. Postavite rešetku u gornju trećinu pećnice.
b) Namastite dva kalupa za tortu od 8 inča, a zatim obložite papirom za pečenje. Pomastite i obilato pospite brašnom, višak ocijedite i ostavite sa strane.
c) U srednjoj zdjeli pomiješajte kakao, šećer, sol, brašno i sodu bikarbonu, a zatim prosijte u veliku zdjelu.
d) U srednje velikoj posudi pomiješajte vaniliju i ulje. Zakuhajte vodu ili skuhajte kavu. Dodajte ga smjesi ulje-vanilija.
e) Napravite udubinu u sredini suhih sastojaka i postupno umiješajte smjesu vode i ulja dok se ne sjedini. Postupno umiješajte jaja i miješajte dok smjesa ne postane glatka. Tijesto će biti rijetko.
f) Ravnomjerno podijelite tijesto između pripremljenih posuda. Nekoliko puta bacite tavu na radnu površinu s visine od 3 inča kako biste oslobodili sve mjehuriće zraka koji su se možda stvorili.
g) Pecite u gornjoj trećini pećnice 25 do 30 minuta, dok kolačići ne poskoče od dodira i samo se odmaknu od rubova posude. Umetnuta čačkalica trebala bi izaći čista.
h) Torte potpuno ohladite na rešetki prije nego što ih izvadite iz kalupa i skinete papir za pečenje. Za posluživanje stavite jedan sloj prema dolje na tanjur za torte. Namažite 1 šalicu kreme od vanilije u sredinu torte i nježno stavite drugi sloj na nju. Preostalu kremu rasporedite po sredini gornjeg sloja i ohladite do 2 sata prije posluživanja.
i) Alternativno, prelijte glazurom od krem sira, poslužite sa sladoledom ili jednostavno pospite kolače kakaom u prahu ili šećerom u prahu. Tijesto također čini fantastične kolače!
j) Čvrsto zamotana, ova torta će stajati 4 dana na sobnoj temperaturi ili 2 mjeseca u zamrzivaču.

94.Kolač od svježeg đumbira i melase

SASTOJCI:
- 1 šalica (4 unce) oguljenog, tanko narezanog svježeg đumbira (oko 5 unci neoguljenog)
- 1 šalica (7 unci) šećera
- 1 šalica ulja neutralnog okusa
- 1 šalica melase
- 2 1/3 šalice (12 unci) višenamjenskog brašna
- 1 žličica mljevenog cimeta
- 1 žličica mljevenog đumbira
- 1/2 žličice mljevenog klinčića
- 1/4 žličice svježe mljevenog crnog papra
- 2 žličice košer soli ili 1 žličica fine morske soli
- 2 žličice sode bikarbone
- 1 šalica kipuće vode
- 2 velika jaja na sobnoj temperaturi
- 2 šalice kreme od vanilije

UPUTE:

a) Zagrijte pećnicu na 350°F. Postavite rešetku u gornju trećinu pećnice. Namastite dva kalupa za tortu od 9 inča, a zatim obložite papirom za pečenje. Pomastite i obilato pospite brašnom, višak ocijedite i ostavite sa strane.

b) Pasirajte svježi đumbir i šećer zajedno u procesoru hrane ili blenderu dok ne bude potpuno glatko, oko 4 minute. Ulijte smjesu u srednju posudu i dodajte ulje i melasu. Umutite da se sjedini i ostavite sa strane.

c) U srednjoj zdjeli pomiješajte brašno, cimet, đumbir, klinčiće, papar, sol i sodu bikarbonu, a zatim prosijte u veliku zdjelu. Staviti na stranu.

d) Umiješajte kipuću vodu u smjesu šećera i ulja dok se ne ujednači.

e) Napravite udubinu u sredini suhih sastojaka i postupno umiješajte smjesu vode i ulja dok se ne sjedini. Postupno umiješajte jaja i miješajte dok smjesa ne postane glatka. Tijesto će biti rijetko.

f) Ravnomjerno podijelite tijesto između pripremljenih posuda. Nekoliko puta bacite tavu na radnu površinu s visine od 3 inča kako biste oslobodili sve mjehuriće zraka koji su se možda stvorili.

g) Pecite u gornjoj trećini pećnice 38 do 40 minuta, dok kolačići ne poskoče od dodira i samo se odmaknu od rubova posude. Umetnuta čačkalica trebala bi izaći čista.

h) Torte potpuno ohladite na rešetki prije nego što ih izvadite iz kalupa i skinete papir za pečenje.

i) Za posluživanje stavite jedan sloj prema dolje na tanjur za torte. Namažite 1 šalicu kreme od vanilije u sredinu torte i nježno stavite drugi sloj na nju. Preostalu kremu rasporedite po sredini gornjeg sloja i ohladite do 2 sata prije posluživanja.

j) Alternativno, prelijte glazurom od krem sira, poslužite sa sladoledom ili jednostavno pospite kolače šećerom u prahu. Tijesto također čini fantastične kolače!

k) Čvrsto zamotana, ova torta će stajati 4 dana na sobnoj temperaturi ili 2 mjeseca u zamrzivaču.

95. Čajni kolač od badema i kardamoma

SASTOJCI:
ZA PRELJEV OD BADEMA
- 4 žlice maslaca (2 unce)
- 3 žlice šećera
- 1 mala šalica narezanih badema (3 unce)
- Prstohvat ljuspičaste soli, poput Maldona

ZA TORTU
- 1 šalica (5 1/4 unce) brašna za kolače
- 1 žličica praška za pecivo
- 1 žličica košer soli ili 1/2 žličice fine morske soli
- 1 žličica ekstrakta vanilije
- 2 1/2 žličice mljevenog kardamoma
- 4 velika jaja na sobnoj temperaturi
- 1 šalica paste od badema (9 1/2 unci) na sobnoj temperaturi
- 1 šalica (7 unci) šećera
- 16 žlica maslaca (8 unci) na sobnoj temperaturi, na kockice

UPUTE:
a) Zagrijte pećnicu na 350°F. Postavite rešetku u gornju trećinu pećnice. Premažite maslacem i pobrašnite okrugli kalup za torte veličine 9 x 2 inča, a zatim obložite papirom za pečenje.

b) Napravite preljev od badema. U malom loncu postavljenom na srednje jaku vatru, kuhajte maslac i šećer oko 3 minute, dok se šećer potpuno ne otopi, a maslac nabubri i zapjeni. Maknite s vatre i umiješajte narezane bademe i sol u listićima. Ovu smjesu izlijte u kalup za tortu i gumenom lopaticom ravnomjerno rasporedite po dnu kalupa.

c) Za kolač prosijte brašno, prašak za pecivo i sol na komad papira za pečenje da se ravnomjerno sjedine i uklone grudice. Staviti na stranu.

d) U maloj posudi temeljito izmiješajte vaniliju, kardamom i jaja. Staviti na stranu.

e) Stavite pastu od badema u zdjelu procesora hrane i pulsirajte nekoliko puta da se razbije. Dodajte 1 šalicu šećera i kuhajte 90 sekundi ili dok smjesa ne postane fina poput pijeska. Ako nemate multipraktik, učinite to u samostojećem mikseru—trajat će malo duže, oko 5 minuta.

f) Dodajte maslac i nastavite s obradom dok smjesa ne postane vrlo svijetla i pahuljasta, najmanje 2 minute. Zaustavite se i ostružite stijenke zdjele kako biste osigurali da se sve ravnomjerno sjedini.

g) S uključenim strojem počnite polako dodavati smjesu od jaja, žlicu po žlicu, kao da radite majonezu (ovo je, doista, emulzija!). Pustite da se svako dodano jaje upije i da smjesa ponovno dobije glatki, svilenkasti izgled prije dodavanja još jaja. Kada su sva jaja dodana, zaustavite se i gumenom lopaticom ostružite stijenke zdjele, zatim nastavite miješati dok se dobro ne sjedine. Nastružite tijesto u veliku zdjelu.

h) Uzmite pergamentni papir i njime posipajte brašno po tijestu u tri dijela. Pažljivo umiješajte brašno između dodavanja dok se ne sjedini. Izbjegavajte pretjerano miješanje jer će torta postati žilava.

i) Ulijte tijesto u pripremljenu posudu i pecite na pripremljenoj rešetki 55 do 60 minuta ili dok umetnuta čačkalica ne izađe čista. Kolač će se samo odvojiti od stijenki posude dok bude gotov. Pustite kolač da se ohladi na rešetki. Prijeđite nožem po stijenkama posude, a zatim zagrijte dno posude izravno na ploči štednjaka nekoliko sekundi kako biste potaknuli kolač da se oslobodi kalupa. Uklonite papir i stavite na tanjur za tortu do posluživanja.

j) Ovaj kolač poslužite samostalno ili s kompotom od bobičastog ili koštuničavog voća te kremom od vanilije ili kardamoma.

k) Čvrsto zamotana, ova torta će stajati 4 dana na sobnoj temperaturi ili 2 mjeseca u zamrzivaču.

96.Puding od gorke čokolade

SASTOJCI:
- 4 unce gorko-slatke čokolade, grubo nasjeckane
- 3 velika jaja
- 3 šalice pola-pola
- 3 žlice (3/4 unce) kukuruznog škroba
- 1/2 šalice + 2 žlice (5 unci) šećera
- 3 žlice (nešto više od 1/2 unce) kakaa u prahu
- 1 1/4 žličice košer soli ili hrpa 1/2 žličice fine morske soli

UPUTE:

a) Stavite čokoladu u veliku zdjelu otpornu na toplinu i preko nje stavite fino sito. Staviti na stranu.

b) Razbijte jaja u zdjelu srednje veličine i lagano ih umutite. Staviti na stranu.

c) Ulijte pola-pola u srednji lonac i stavite na laganu vatru. Maknite s vatre čim počne ispuštati paru i zakuha. Ne dopustite da zakipi — kada mliječni proizvodi proključaju, njihova emulzija puca i proteini se zgrušavaju. Tekstura kreme od kuhanih mliječnih proizvoda nikada neće biti potpuno glatka.

d) U zdjeli za miješanje pjenasto izmiješajte kukuruzni škrob, šećer, kakao prah i sol. U toplo umutiti pola-pola. Vratite smjesu u lonac i stavite na srednje nisku vatru.

e) Kuhajte uz stalno miješanje gumenom kuhačom oko 6 minuta dok se smjesa vidljivo ne zgusne. Maknite s vatre. Da provjerite je li smjesa dovoljno gusta, prstom provucite crtu kroz puding na poleđini žlice. Trebao bi držati liniju.

f) Polako dodajte oko 2 šalice vruće smjese za puding u jaja uz stalno miješanje, zatim sve vratite u lonac i stavite na laganu vatru. Nastavite neprestano miješati, kuhajući još oko minutu dok se smjesa opet vidljivo ne zgusne ili dok na termometru ne zabilježi 208°F. Skinuti s vatre i prosuti kroz sito. Malom kuhačom ili gumenom lopaticom provucite puding kroz sito.

g) Ostavite preostalu toplinu da se čokolada otopi. Koristite mikser (ili štapni mikser, ako ga imate) kako biste temeljito izmiksali dok smjesa ne postane glatka i glatka. Kušajte i prilagodite sol po potrebi.

h) Odmah ulijte u 6 pojedinačnih šalica. Nježno lupnite dnom svake šalice o radnu površinu kako biste izbacili mjehuriće zraka. Ostavite puding da se ohladi. Poslužite na sobnoj temperaturi, ukrašeno mirisnim vrhnjem.

i) Ostavite u hladnjaku, poklopljeno, do 4 dana.

97. Panna cotta od mlaćenice

SASTOJCI:
- Ulje neutralnog okusa
- 1 1/4 šalice gustog vrhnja
- 7 žlica (3 unce) šećera
- 1/2 žličice košer soli ili 1/4 žličice fine morske soli
- 1 1/2 žličice želatine u prahu bez okusa
- 1/2 mahune vanilije, razrezane po dužini
- 1 3/4 šalice mlaćenice

UPUTE:
a) Kistom za tijesto ili prstima lagano premažite uljem unutrašnjost šest ramekina od 6 unci, malih zdjelica ili šalica.
b) Stavite vrhnje, šećer i sol u malu posudu za umake. Ostružite sjemenke iz mahune vanilije u tavu, te dodajte i mahunu.
c) Stavite 1 žlicu hladne vode u malu zdjelu, a zatim lagano pospite želatinu po vrhu. Ostavite 5 minuta da se otopi.
d) Lagano zagrijte vrhnje na srednje jakoj vatri, miješajući dok se šećer ne otopi i para počne izlaziti iz vrhnja, oko 4 minute (ne dopustite da vrhnje ključa - deaktivirat će želatinu ako postane prevruće). Smanjite vatru na vrlo nisku, dodajte želatinu i miješajte dok se sva želatina ne otopi, oko 1 minutu. Maknite s vatre i dodajte mlaćenicu. Procijedite kroz fino sito u mjernu posudu s izljevom.
e) Ulijte smjesu u pripremljene ramekine, pokrijte plastičnom folijom i stavite u hladnjak dok se ne stegne, najmanje 4 sata ili preko noći.
f) Da biste izvadili kalupe, uronite ramekine u posudu s vrućom vodom, a zatim preokrenite kreme na tanjure. Ukrasite kompotom od citrusa, bobičastog ili koštuničavog voća.
g) Može se pripremiti do 2 dana unaprijed.

98. Meringue od sljeza

SASTOJCI:
- 4 1/2 žličice (1/2 unce) kukuruznog škroba
- 1 1/2 šalice (10 1/2 unci) šećera
- 3/4 šalice (6 unci/oko 6 velikih) bjelanjaka na sobnoj temperaturi
- 1/2 žličice tartar kreme
- Prstohvat soli
- 1 1/2 žličice ekstrakta vanilije

UPUTE:

a) Zagrijte pećnicu na 250°F. Dva lima za pečenje obložite papirom za pečenje.
b) U maloj zdjeli pjenasto izmiješajte kukuruzni škrob i šećer.
c) U zdjeli samostojećeg miksera s nastavkom za pjenjaču (ako nemate samostojeći mikser, možete koristiti električni ručni mikser s nastavkom za mućenje) umutite bjelanjke, tartar i sol. Počevši od niske, polako povećavajte do srednje brzine dok tragovi ne počnu postajati vidljivi, a mjehurići bjelanjaka vrlo mali i jednolični, otprilike 2 do 3 minute. Uzmite si vremena ovdje.
d) Povećajte brzinu na srednje visoku, polako i postupno posipajući u smjesu šećera i kukuruznog škroba. Nekoliko minuta nakon dodavanja šećera polako ulijevati vaniliju. Lagano povećajte brzinu i mutite dok meringue ne postane sjajan i dok se ne stvore čvrsti vrhovi kada se pjenjača podigne, 3 do 4 minute.
e) Žlicom stavite žlice meringue veličine loptice za golf na pergamentni papir, koristeći drugu žlicu da je sastružete sa žlice. Zamahnite zapešćem kako biste natjerali nepravilne vrhove da se formiraju na vrhu svake meringue.
f) Limove za pečenje stavite u pećnicu i smanjite temperaturu na 225°F.
g) Nakon 25 minuta okrenite posude za 180 stupnjeva i zamijenite ih na rešetkama. Ako meringue poprimaju boju ili pucaju, smanjite temperaturu na 200°F.
h) Nastavite peći još 20 do 25 minuta, sve dok se meringue lako ne podignu s papira, vanjske strane ne budu hrskave i suhe na dodir izvana, a sredina još uvijek poput marshmallowa. Samo kušajte jedan da provjerite!
i) Meringue lagano podignite s lima za pečenje i ohladite na rešetki.
j) Čuvat će se u dobro zatvorenoj posudi na sobnoj temperaturi ili pojedinačno zamotane do tjedan dana ako u vašem domu nema vlage.

99.Mirisna krema

SASTOJCI:
- 1 šalica vrhnja, ohlađena
- 1 1/2 žličice granuliranog šećera
- Sve opcije okusa

UPUTE:
a) Ohladite veliku, duboku metalnu zdjelu (ili zdjelu vašeg stojećeg miksera) i pjenjaču (ili nastavak za pjenjaču) u zamrzivaču najmanje 20 minuta prije nego što počnete. Kad se zdjela ohladi, pripremite kremu s aromom po želji prema uputama u nastavku, zatim dodajte šećer.
b) Mutite dok se ne pojave prvi mekani vrhovi. Ako koristite stroj, priđite na ručnu pjenjaču i nastavite miješati dok se sva tekuća krema ne uklopi i tekstura kreme ne postane jednolično mekana i valovita.
c) Kušajte i prilagodite slatkoću i okus po želji. Držati na hladnom do posluživanja.
d) Pokrijte i ostavite ostatke u hladnjaku do 2 dana. Pjenjačom vratite ispuhanu kremu na meke vrhove prema potrebi.

100.Slani karamel umak

SASTOJCI:
- 6 žlica (3 unce) neslanog maslaca
- 3/4 šalice šećera (5 1/4 unce)
- 1/2 šalice gustog vrhnja
- 1/2 žličice ekstrakta vanilije
- Sol

UPUTE:
a) Otopite maslac u dubokoj, jakoj tavi na srednje jakoj vatri. Umiješajte šećer i pojačajte vatru. Ne brinite ako se smjesa odvoji i izgleda razbijeno. Zadrži vjeru - vratit će se. Miješajte dok smjesa ponovno ne zavrije, a zatim prestanite miješati. Kad karamela počne poprimati boju, pažljivo vrtite tavu kako biste potaknuli ravnomjerno tamnjenje.
b) Kuhajte dok šećer ne postane tamno zlatnosmeđe boje i dok se jedva ne počne dimiti, otprilike 10 do 12 minuta.
c) Maknite s vatre i odmah umiješajte vrhnje. Budite oprezni jer će vrlo vruća smjesa bjesomučno nabubriti i može prskati. Ako ostanu grudice karamele, lagano miješajte umak na laganoj vatri dok se ne otope.
d) Ohladite karamel da bude mlak pa ga začinite vanilijom i velikim prstohvatom soli. Promiješajte, kušajte i prema potrebi dodajte sol. Karamel će se zgusnuti dok se hladi.
e) Pokrijte i ostavite ostatke u hladnjaku do 2 tjedna. Lagano zagrijte u mikrovalnoj pećnici ili miješajući u loncu na vrlo laganoj vatri.

ZAKLJUČAK

Dok završavamo naše istraživanje "Kuharice o soli, masti, kiselini, toplini", nadamo se da ste stekli dublje razumijevanje i cijenjenje transformativne moći ova četiri bitna elementa u kuhanju. Sol, mast, kiselina i toplina nisu samo sastojci; oni su temelj na kojem se izgrađuju izvrsna jela. Dok nastavljate svoje kulinarsko putovanje, neka vam znanje i vještine koje ste stekli iz ove kuharice osnaže da stvarate jela koja nisu samo ukusna, već i doista nezaboravna.

Dok se okreću posljednje stranice ove kuharice i dok miris vaše najnovije kulinarske kreacije ispunjava zrak, znajte da putovanje ovdje ne završava. Prihvatite načela soli, masti, kiseline i topline u svom svakodnevnom kuhanju, eksperimentirajte s novim tehnikama i kombinacijama okusa i dopustite svojoj kreativnosti da zablista dok istražujete beskrajne mogućnosti ova četiri elementa.

Hvala vam što ste nam se pridružili na ovom ukusnom putovanju kroz svijet soli, masti, kiseline i topline. Neka vaša kuhinja bude ispunjena cvrčanjem pečenih tava, mirisom svježe mljevenih začina i zadovoljstvom u stvaranju jela koja oduševljavaju osjetila i hrane dušu. Do ponovnog susreta, sretno kuhanje i bon appétit!

www.ingramcontent.com/pod-product-compliance
Lightning Source LLC
Chambersburg PA
CBHW070652120526
44590CB00013BA/931